Relajación

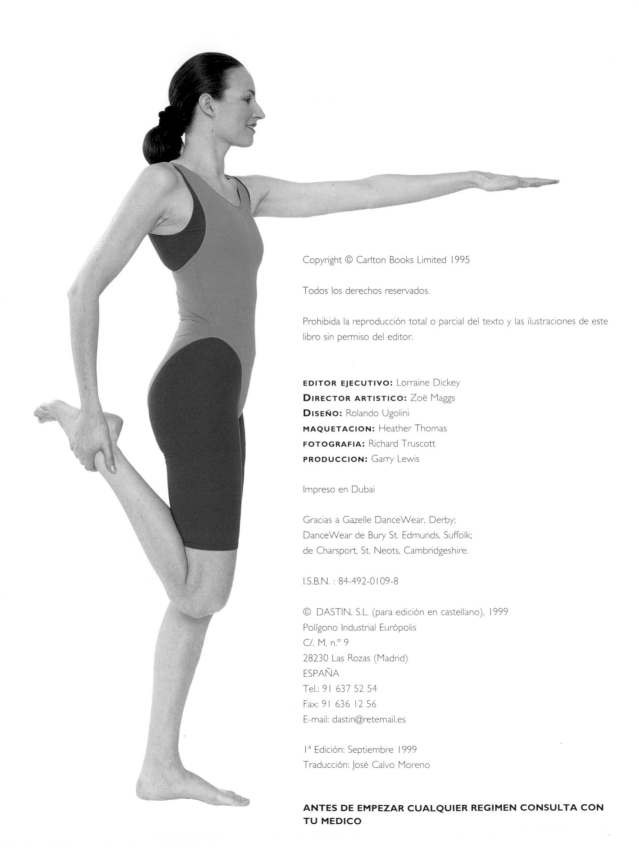

EDITOR EJECUTIVO: Lorraine Dickey
DIRECTOR ARTISTICO: Zoë Maggs
DISEÑO: Rolando Ugolini
MAQUETACION: Heather Thomas
FOTOGRAFIA: Richard Truscott
PRODUCCION: Garry Lewis

Impreso en Dubai

Gracias a Gazelle DanceWear, Derby;
DanceWear de Bury St. Edmunds, Suffolk;
de Charsport, St. Neots, Cambridgeshire.

I.S.B.N. : 84-492-0109-8

© DASTIN, S.L. (para edición en castellano), 1999
Polígono Industrial Európolis
C/. M, n.º 9
28230 Las Rozas (Madrid)
ESPAÑA
Tel.: 91 637 52 54
Fax: 91 636 12 56
E-mail: dastin@retemail.es

1ª Edición: Septiembre 1999
Traducción: José Calvo Moreno

ANTES DE EMPEZAR CUALQUIER REGIMEN CONSULTA CON TU MEDICO

Relajación

Un programa ilustrado
de ejercicios, técnicas
y meditación

**CHRISSIE
GALLAGHER-MUNDY**

ASESORA ESPECIALISTA
NITYA LACROIX

DAS
TIN
SL

Sumario

Introducción de Nitya Lacroix

Relajarse es más una cualidad del ser que un estado de actividad o de inactividad. No importa si estás desempeñando una tarea o descansando, la relajación auténtica se produce cuando cuerpo y mente funcionan en armonía como una unidad integrada, única, total.

Este delicado equilibrio físico y mental puede alterarse con facilidad, sobre todo con el ritmo de vida actual. Esto significa que, aunque intentes olvidarte de los problemas cotidianos y rechazar pensamientos estresantes, tu cuerpo puede conservar restos de las tensiones acumuladas, lo que influye hondamente en tu facilidad para relajarte. Incluso aunque hagas algo especial para relajarte de las tensiones físicas como dar un paseo o someterte a un masaje, si tu mente sigue dando vueltas a los problemas o a pensamientos negativos, una parte de ti sigue encerrada en el círculo vicioso del estrés. Todo lo que afecta a tu mente repercute en tu bienestar físico, al igual que tu paz mental depende del uso que hagas de tu cuerpo.

Nos resulta muy fácil sacrificar uno de estos aspectos en aras de una obligación. Si tienes una fecha tope para finalizar un trabajo, o no puedes eludir una responsabilidad, es muy posible que te despreocupes por tu salud física en tanto no hayas concluido tu tarea. Si esto se convierte en un modelo de conducta, cualquier cosa que hagas para relajarte estará condenada al fracaso; será solo un parche en vez de un intento serio por corregirte.

En ese caso, la relajación será para ti la búsqueda del camino que permita a tu cuerpo y a tu mente aliarse y formar un frente común contra el estrés. Es preciso que ambos se unan para prevenir o enderezar esos desequilibrios que se producen tan fácilmente. Esto significa una nueva toma de conciencia, un nuevo equilibrio físico, mental y emocional que te permita afrontar tus tareas y obligaciones con una aptitud positiva, con agilidad y con entusiasmo. Al mismo tiempo, debes de ser capaz de reconocer los síntomas del estrés cuando se presenten y tomar las medidas necesarias para descargar tensiones y recargar tus recursos internos.

Crear tu propio estilo de vida saludable depende de que adoptes una aptitud holística sobre la relajación. Una vez que hayas comprendido la cadena indisoluble que une tu cuerpo y tu mente, experimentarás por ti mismo cómo el estrés emocional puede provocar tensión en los músculos de tu cuerpo, y cómo estos, a su vez, pueden dar origen a jaquecas o letargos que afecten a tu capacidad de decisión. De igual manera, los continuos pensamientos negativos pueden minar tu autoestima, provocando tensiones corporales, dolores de espalda, o problemas respiratorios, como una medida de autodefensa, o para adormecer tus sentimientos. Todo esto puede inhibir tu espontaneidad y disminuir tu capacidad de apreciar los placeres y alegrías de la vida, creando así una situación de trastorno emocional. Y una vez más, el ciclo sicosomático vuelve a dar vueltas sobre sí mismo.

Este libro, titulado, simple pero acertadamente, *Relajación*, es la guía perfecta que te ayudará a llevar un estilo de vida sano y equilibrado. Chrissie Gallagher-Mundy se ha encargado de dar al lector una serie de consejos y ejercicios que explican con claridad la relación entre el cuerpo y la mente. Respondiendo a unos sencillos cuestionarios, averiguarás tu propio nivel de estrés. Una vez conocido éste, puedes seguir todo el libro o, simplemente, escoger el programa que más se ajuste a tus necesidades.

El libro te ayudará a conocer las causas de tu estrés y hasta qué punto afecta físicamente a tu sistema nervioso. Reconociendo que el estrés es algo inevitable y a veces esencial en la vida, Chrissie te enseña paso a paso la manera de atenuar esos efectos nocivos sobre tu cuerpo y tu mente que disminuyen tu vitalidad y tu bienestar. Y algo más, te enseña cómo soportar y superar situaciones estresantes, afrontándolas desde un lado positivo. Siguiendo las indicaciones de este libro, y ejercitándolas habitualmente, la relajación puede convertirse en una forma de vivir y en un antídoto contra el estrés.

Chrissie ha enfocado el tema de la relajación desde un punto de vista penetrante y holístico, combinando el enfoque físico con el psicológico para prevenir o acabar con las tensiones o diluir los desagradables síntomas del estrés una vez que se han presentado en tu cuerpo o tu mente. Combinando sugerencias humorísticas e instrucciones serias, este libro te ayudará a alcanzar un estado de equilibrio y de relajación tanto en el trabajo como en el hogar.

En *Relajación* encontrarás diversas formas de combatir el estrés psicológico y el físico al mismo tiempo. Al igual que te enseña a prepararte mentalmente para afrontar cualquier tarea, te enseña a adaptar tus posturas y tu respiración para relajar tu cuerpo y revitalizarlo, permitiéndote una mayor y fructífera concentración. Una dieta adecuada te ayudará a sentirte más vital, tanto física como mentalmente. Si aprendes a llevar una vida más controlada, te enfrentarás mejor con las situaciones, aumentando la seguridad en ti mismo.

Relajación es un libro para inspirarte confianza. Te ayuda a contemplar bajo nueva perspectiva tu bienestar físico y mental, y a saberte capaz de adoptar una actitud positiva con solo modificar los viejos hábitos causantes de tu estrés. Si bien te invita a aceptar un compromiso para llevar una vida más relajada y saludable, lo hace de un modo tan ameno que es difícil rechazar esa invitación.

Nitya Lacroix

Superando el estrés

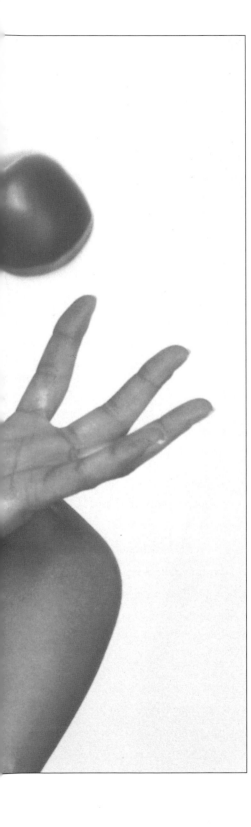

capítulo primero

SOBRE EL ESTRÉS se han publicado infinidad de libros y artículos, hasta el punto de haberse convertido en un símbolo de nuestra sociedad. Todo el mundo ha oído hablar del estrés, aunque muy pocos admiten padecerlo. El estrés es algo que invariablemente sufren los demás; siempre se le asocia con el trabajo, la presión, y las largas jornadas laborales. Sin embargo, la palabra estrés significa realmente dos cosas: una forma de describir los cambios cotidianos que afectan a nuestra vida, y también el modo con que nosotros afrontamos dichos cambios. Por otra parte, el estrés no necesariamente es malo, y sí algo que, más tarde o más temprano, todos experimentamos a lo largo de nuestra vida. No se trata de un fenómeno que afecta sólo a los trabajadores: una persona carente de estímulos es tan propensa a padecer síntomas estresantes como otra que trabaja en exceso continuamente, si sus defensas personales no contraatacan de inmediato.

Síntomas y causas

Cualquier cambio es una situación nueva que nos exige una respuesta, cualquier tipo de acción, y de esa reacción va a depender que sus efectos sobre nosotros como individuos sean positivos o negativos. Si el cambio es demasiado complejo, puede dar lugar a un desequilibrio entre lo que se nos exige y nuestros propios recursos, provocando un sentimiento de opresión que va evolucionando hasta convertirse en estrés.

El estrés, hablando en positivo, es algo que nos motiva, que impulsa a actuar (el llamado estrés positivo). Algunos proyectos son difíciles de llevar a cabo, pero los afrontamos con alegría por el desafío que nos plantean; por ejemplo, la educación de los hijos es una dura tarea que tiene su recompensa, o que presenta aspectos gratificantes. Son puntos de vista positivos de un esfuerzo. Llevamos el caso un poco más lejos y nos encontramos con una madre que es feliz con su trabajo y criando a sus hijos, pero que puede llegar a padecer el "mal de las prisas", una sensación agobiante de no tener tiempo para hacer todo satisfactoriamente. El tipo de estrés más común se origina cuando nos exigimos mucho más de lo que somos capaces.

A veces exigimos demasiado de nosotros mismos, temporal y emocionalmente y, si respondemos con acciones inapropiadas o insatisfactorias, aumenta nuestra presión (estrés negativo). El problema de la presión es que puede explotar si no la atajamos con rapidez y eficacia. Nos afecta tanto física como mentalmente. En lo corporal, presenta síntomas variados que van desde dolores de cabeza a irritabilidad. En lo mental, una persona se muestra impaciente y ansiosa hasta el punto en que sólo cinco minutos de retraso en la recepción del correo puede hacerle sentirse mal.

Los efectos del estrés negativo van mucho más allá de lo meramente individual. Solo en el Reino Unido su costo para la industria oscila entre los 40 millones y 1,3 billones de libras anuales, sin contar con que más de la mitad de las defunciones en Gran Bretaña se atribuyen a enfermedades relacionadas con el estrés. El estrés aparece en muchos trastornos físicos y mentales del cuerpo, acumulándose en lo que el Dr.Hans Seyle ha denominado "índice de dolor y lágrimas del cuerpo". Si en las sociedades primitivas el dolor y las lágrimas del cuerpo eran, sobre todo, consecuencia de necesidades físicas, como la de cazar animales para poder comer carne, el sistema de vida actual tiene su propia combinación de esfuerzos físicos y mentales que pueden resultar no menos letales.

EL ASPECTO FÍSICO

Los síntomas del estrés pueden presentarse en todo tipo de situaciones, por eso, si conseguimos identificar las causas del propio estrés y aprender a combatirlas, habremos dado un paso importante hacia la relajación y un óptimo estado de salud. Uno de los mayores problemas de la vida moderna

¿PADECES ESTRÉS?

Como ya ha quedado de manifiesto, el estrés no es una consecuencia de las presiones cotidianas, sino de nuestra reacción ante ellas. Responde a las preguntas siguientes para evaluar tu estrés potencial.

Ahora, responde a este cuestionario para averiguar si eres víctima del estrés.

		Sí	No
1	¿Duermes mal o te despiertas con frecuencia?	☐	☐
2	¿Te muerdes las uñas o tienes cualquier otro tic nervioso?	☐	☐
3	¿Necesitas público reconocimiento por tu trabajo?	☐	☐
4	¿Lloras o sientes ganas de llorar a menudo?	☐	☐
5	¿Te cuesta trabajo pensar o tomar decisiones rápidas?	☐	☐
6	¿Tienes dificultades para afrontar situaciones difíciles?	☐	☐
7	¿Te muestras continuamente irritable y exigente con las personas que te rodean?	☐	☐
8	¿Te sientes fracasado?	☐	☐
9	¿Tienes pensamientos absurdos o fantásticos?	☐	☐
10	¿Te preocupas demasiado por cosas que, en realidad, carecen de importancia?	☐	☐
11	¿Te encolerizas a menudo por hechos o con personas?	☐	☐
12	¿Te impacientas ante cualquier demora?	☐	☐
13	¿Te aborreces a ti mismo?	☐	☐
14	¿Te sientes insatisfecho de ti mismo o de la vida que llevas?	☐	☐
15	¿Sientes náuseas, debilidad o sudores sin motivo aparente?	☐	☐

Si has contestado "SÍ" a la mayoría de estas preguntas, más que probablemente necesitas las técnicas de relajación que se explican más adelante en este libro. Casi todas las situaciones aludidas en las preguntas anteriores indagan en tu personalidad. Estás a tiempo de tomar conciencia de que necesitas modificar esa conducta estresante.

		Sí	No
1	¿Estás tenso? ¿Sientes rigidez en los hombros y cuello?	☐	☐
2	¿Te desvelas por la noche por las preocupaciones o por planificar tus acciones del día siguiente?	☐	☐
3	¿Fumas o bebes más de lo habitual?	☐	☐
4	¿Comes menos o peor de lo normal?	☐	☐
5	Si te relajas y dejas algo sin hacer, ¿te sientes culpable?	☐	☐
6	¿Empiezas un trabajo sin haber terminado el anterior?	☐	☐
7	¿Notas la boca seca o las palmas de tus manos sudorosas?	☐	☐
8	Cuando conduces o vas de compras, ¿insultas o levantas la voz a los demás?	☐	☐
9	¿Crees que tienes muchas cosas en qué pensar y muchas por mejorar?	☐	☐
10	¿Te sientes con frecuencia frustrado y olvidado por los demás?	☐	☐
11	¿Te zumban los oídos o sientes cualquier otro ruido extraño en tu cabeza?	☐	☐
12	¿Te sientes a punto de caer enfermo?	☐	☐
13	¿Tienes dificultades para afrontar y resolver los problemas?	☐	☐
14	¿Padeces frecuentes jaquecas o cualquier otro síntoma de malestar recurrente?	☐	☐
15	¿Te encuentras bien hasta que el más leve incidente, como que el automóvil no arranca, te hace sentir que toda tu vida está fuera de control?	☐	☐

Si esta vez también has contestado "SÍ" a más de la mitad de las preguntas, este libro puede ayudarte a dar los pasos necesarios para reducir tu nivel de estrés.

en relación con el estrés, es que nos hemos vuelto más sedentarios que nuestros antepasados. Nuestras ocupaciones y modos de vida se han sofisticado muchísimo, mientras que nuestros cuerpos no han evolucionado a la par, continúan reaccionando a niveles básicos, y sólo en contadas ocasiones utilizamos la energía física precisa para acabar con el estrés

La gran aventura que antes suponía salir en busca de alimentos para la familia, se ha quedado reducida a ir con el coche al supermercado para hacer la compra semanal. La mayoría de los trabajos que antes requerían de un esfuerzo físico hoy, gracias a la creciente tecnología, en su gran mayoría han quedado reducidos al manejo de determinadas máquinas que obligan a mantener una postura sedentaria durante gran parte de la jornada. Los desafíos físicos están siendo sustituidos por los desafíos mentales.

Las alteraciones físicas se producen como respuesta al estrés y a la fatiga, pues nuestro cuerpo reacciona físicamente ante cualquier amenaza (ver página 20). Así pues generamos tensiones "mentales y musculares" que no siempre son asimiladas por nuestro cuerpo y ahí empiezan los problemas. Los expertos predicen que no será antes de mediados del siglo XXI cuando nuestras defensas se adapten a la vida moderna.

¿Qué sucede cuando el cuerpo está sometido a estrés? Cuando la presión mueve el mecanismo corporal, genera una serie de alteraciones psicológicas. Primero, dispone el cuerpo para la acción aumentando el bombeo de sangre al cerebro y a los músculos, que se tensan mucho antes de actuar. Para facilitar esto, la sangre se desvía a los riñones y a los órganos sexuales, mientras los intestinos y el estómago se agarrotan. La glándula pituitaria se activa y con ella la producción de adrenalina, lo que, a su vez, provoca nuevas alteraciones. Las pupilas se dilatan (para ver mejor), el corazón acelera sus latidos y los pulmones necesitan más aire para oxigenar la sangre. El hígado metaboliza las grasas y almacena glucosa en prevención de una necesidad extra de energía, y el intestino y la vejiga aceleran sus funciones. El incremento del suministro de sangre a los ya tensos músculos, se traduce en un aumento de la tensión arterial.

Todos estos cambios, de no ser atenuados por una actividad física, se cobran gran número de víctimas. El humor se altera y empeora. La falta de saliva origina sequedad bucal. La interrupción de las funciones digestivas causa acidez e indigestión. Al disminuir el flujo de sangre a la piel, ésta se hace mucho más sensible y propensa a erupciones y sarpullidos, mientras la aceleración del intestino y la vejiga puede obligarnos a visitar con urgencia el cuarto de baño.

Aunque estos síntomas son ocasionales, si la situación estresante se prolonga o se convierte en crónica, pueden desembocar en cosas más graves. Es cuando el cuerpo empieza a sufrir alteraciones por mantenerse en un continuo estado de alerta, lo

Página contigua: Cuando tienes demasiadas cosas para hacer a la vez y no consigues centrarte en una sola, puedes estar estresado. Muchas mujeres que siguen trabajando mientras crían a su hijo, padecen estrés.

que se conoce como Síndrome de Adaptación General. El incremento de sangre en el cerebro puede causar jaquecas e incluso migrañas, en tanto que el flujo a los músculos ya de por sí tensos, provoca espasmos musculares y rigidez. Si el pecho está continuamente bombeando, pueden producirse infartos o anginas de pecho, y si la sangre se mantiene alejada de algunos órganos, los problemas pueden ser úlceras o una disminución de la respuesta sexual.

De igual modo, cuando el hígado está continuamente fabricando glucosa y el corazón bombea

---

¿TIENES UNA PERSONALIDAD DE TIPO A Ó B?

Los expertos reducen las diversas personalidades a dos tipos: A y B. Aunque la mayoría pertenecemos a una combinación de ambos, en algunas personas predominan las características del tipo A. Lee el siguiente cuestionario y marca la columna "Uno" o la "Dos" según elijas la primera o la segunda parte de cada pregunta.

Uno Dos

1 ¿Disfrutas marcándote unos plazos concretos y procuras cumplirlos O te despreocupas de ellos? ☐ ☐

2 ¿Mantienes tu actividad todo el día sin siquiera sentarte a leer o a escuchar la radio O de cuando en cuando intentas desconectarte y relajarte? ☐ ☐

3 ¿Inicias muchos trabajos simultáneamente sin acabar ninguno O de vez en cuando te saltas tu programa de trabajo, aunque te retrases algo? ☐ ☐

4 ¿Te impacientas si los demás van más despacio que tú O no te importa si los otros son más lentos o más rápidos? ☐ ☐

5 ¿Puedes hacer varias cosas a la vez, como, por ejemplo, telefonear viendo la TV u hojear una revista y escuchar la radio O prefieres dormitar un rato? ☐ ☐

6 ¿Comes de pie o haciendo cualquier otra cosa O llegas a olvidarte de comer? ☐ ☐

PERSONALIDAD TIPO A

Si te has inclinado por la primera parte en la mayoría de las preguntas, con seguridad tu personalidad es del tipo A. Esto tiene sus ventajas; por ejemplo, los A son tenaces y no cejan hasta ver terminado su trabajo. Trabajan duro y triunfan donde otros fracasan.

Si te identificas con las características de los A, tienes que ser consciente de tu inclinación a hacer las cosas con demasiada urgencia. ¿Por qué no incluyes la relajación en tu rutina diaria para combatir los efectos negativos de una vida agitada?

PERSONALIDAD TIPO B

Si has marcado la casilla DOS en la mayoría de las preguntas, debes incluirte en el tipo B. Eso quiere decir que eres menos propenso a un estrés motivado por el pluriempleo, un cumplimiento estricto de plazos, etc., pero puedes padecer un estrés externo o incluso negativo por llevar una vida sin alicientes.

Trata de evaluar tus características A y B y equilibrarlas hasta motivarte por las cosas que realmente importan y despreocuparte del resto.

frenéticamente, se es propenso a enfermedades como la diabetes o la hipertensión.

Como puedes ver, el estrés desencadena una fatiga del sistema que, de no combatirse a tiempo, puede, literalmente hablando, acabar con el cuerpo. Sin embargo, antes de combatir los síntomas, es necesario conocer las razones y los mecanismos que han llevado a nuestros cuerpos a tal estado.

FACTORES MENTALES

Como es obvio, las causas del estrés varían según la persona, y lo que para una es motivo de preocupación, para otra ni siquiera es un problema. Sin embargo, a lo largo de la vida de una persona se producen cambios fundamentales que, generalmente, son difíciles de asimilar y, por tanto, potencialmente estresantes. El fallecimiento de un ser querido, el divorcio, el desempleo, un cambio forzoso de domicilio, son acontecimientos considerados altamente estresantes. Hay otros menos traumáticos como las discusiones familiares, los problemas en el trabajo, las disputas con los amigos, o los cambios sociales o laborales.

Además están los problemas menores cotidianos que al irse acumulando con el tiempo pueden causar una reacción de estrés. La vida está cambiando continuamente y las estructuras sociales en las que nos movemos son cada vez más complicadas y exigentes. Los sistemas educativos están cambiando con tanta rapidez que cuando muchos adolescentes terminan sus estudios, estos ya están anticuados. Es todo tan distinto de cuando sus padres estudiaban que media un abismo entre ambas generaciones, lo que, con frecuencia, es motivo de problemas en el seno de la familia.

La evolución tecnológica es tan vertiginosa que apenas hemos adquirido un aparato cuando aparece en el mercado un nuevo modelo mucho más sofisticado. La publicidad nos atosiga continuamente para que compremos más, lo que nos demanda mayores ingresos y muchas más horas de trabajo fuera de casa. La ruptura de la unidad familiar debida a todo tipo de presiones se ha incrementado de algún tiempo a esta parte. Incluso el tren o el avión, donde antes sólo se viajaba, con la aparición de los ordenadores personales, los teléfonos móviles y otros inventos tecnológicos, se han convertido en sucursales de nuestras empresas.

Nuestras mentes exageran hasta el punto de preocuparse por los problemas antes de que éstos se presenten. En virtud de la globalización de las comunicaciones, estamos tan al corriente de los sucesos y catástrofes acontecidas en países lejanos como de los que nos afectan directamente: lo que le pasa a un amigo, una enfermedad familiar, o si este año podremos irnos de vacaciones.

Las preocupaciones afectan a algunas personas más que a otras, lo que contribuyen de modo especial a nuestro estado de ánimo y a nuestras creencias personales. Si nos presionamos nosotros mismos tratando de abarcar lo más posible, nos surgen dudas sobre nuestra propia capacidad y acaba en decepción. Si nos complacemos en un "si yo pudiera", ambicionando un modo de vida y unas circunstancias que están fuera de nuestro alcance, rápidamente aumenta el descontento. De esta forma, la incertidumbre y la inseguridad nos conducen a una pobre autoestima y acabamos por estar continuamente agobiados por todo. Aún cuando muchos de nuestros problemas laborales y hogareños, y presiones no dependan de nosotros, no tiene porqué ocurrir lo mismo con nuestra propia confianza. Por ejemplo: podemos asegurar que todos nuestro, sea cual sea nuestra posición social, nuestro estado de salud o nuestra categoría laboral, somos humanos y, por tanto, falibles.

Cómo combatir el estrés

La mejor manera de combatir el estrés es empezar por asumir que se padece y tratar de averiguar sus causas. Sólo entonces se puede poner en práctica un método preventivo y aprender el mejor modo de combatirlo. Para enfrentarse al estrés es preciso un planteamiento holístico de aquellos aspectos mentales, físicos y emocionales de tu vida que necesitan ser revisados.

EL ENFOQUE MENTAL

Incluso en las peores circunstancias, unas personas reaccionan mejor que otras. Tanto si tienes una personalidad de tipo A como de tipo B, puedes hacer frente al estrés. El doctor Ray de la School of Health Studies de la Politécnica de Wolverhampton, en Inglaterra, habla de "recuperados" lentos y rápidos. Partiendo de la base de que todo el mundo sufre algún tipo de estrés, puntualiza que lo que para algunas personas no es más que un malestar pasajero, para otras se convierte en una situación mucho más prolongada.

Las personas rencorosas, por ejemplo, tienen más posibilidades de ser recuperados lentos, puesto que, para salir de ese estado desagradable, precisan deshacerse de unos sentimientos que sólo les sirven para empeorar la situación. El "si yo pudiera" puede ser muy destructivo: la esperanzas frustradas, a menudo sólo generan decepciones, mientras que el mirar continuamente al futuro no resuelve los problemas actuales. Lo mejor es tratar de vivir el presente aceptando las propias limitaciones y no mirar al pasado con remordimientos o nostalgia. Sin embargo, se puede aprender mucho de las experiencias pasadas, incluso reírse de ellas. Prueba a mirar al futuro como una oportunidad de aprovechar nuevas experiencias.

Recuerda siempre que los sentimientos negativos pueden sustituirse por sentimientos positivos. Una misma situación puede parecer distinta vista desde diferentes perspectivas. Si bien muchos de los factores estresantes cotidianos están más allá de nuestro control físico, podemos modificar las respuestas mentales y todo será distinto. Tratemos de no malgastar energías en cosas que uno no puede cambiar. Por ejemplo: si tienes unos vecinos ruidosos, puedes hablar con ellos, llamar a las autoridades, o incluso pensar en cambiarte de casa. Sin embargo, cuando ya has hecho todo lo posible físicamente, distrae tu mente con otras cosas y no sigas dándole vueltas a lo mismo. No permitas que se convierta en obsesión, antes adopta otras medidas, como ponerte tapones en los oídos por las noches o practicar las técnicas de relajación y visualización explicadas en este libro.

De igual modo, debemos tratar de modificar nuestras reacciones ante las personas que nos son molestas. Reaccionando mal estamos reforzando un comportamiento negativo y angustiándonos nosotros mismos. Expón tu caso lisa y llanamente, hazte oír, pero escucha también lo que te dicen los demás. ¡Pero escucha de verdad! Ponte en su lugar y piensa que a ti te gustaría ser escuchado. La interacción es muy provechosa. Puedes llevarte sorpresas muy agradables. Y, después de todo, no tienes nada que perder. Tienes que aprender a conocer los defectos propios, porque así te será más fácil tolerar los de los demás, incluso los de las personas que te desagradan. ¡Muchos de los defectos que más nos irritan de nuestra familia, no son más que un reflejo de los nuestros! Para finalizar, aprende a controlar tus reacciones gracias a este ejercicio (en negrilla, a la derecha).

CONFIANZA

Intenta ser realista sobre tus propias expectativas y también al considerar si lo que los demás esperan de ti se ajusta a la realidad. Usa tu imaginación como una fuerza positiva: ¡imagina sólo resultados positivos, evoca únicamente momentos de éxito, vivencias agradables! ¡Puedes hacerlo! Nada pierdes con estar alegre, y, sin embargo, tu aspecto mejorará a los ojos de los demás. La decisión te ayudará a adquirir confianza en ti mismo. De cuando en cuando, en circunstancias específicas, todos sufrimos periodos de inseguridad. La confianza en uno mismo se desarrolla a partir de la sensación de tener un cierto control sobre lo que nos acontece en la vida (hasta donde eso es posible). Cuando esto sucede, cuando la obsesión

PARA EVITAR SITUACIONES ESTRESANTES

1 Haz una lista de las cosas que te resultan estresantes.

2 Ordénalas con arreglo al mayor o menor grado de estrés que te produzcan.

3 Ahora, listalas según el orden de importancia que esas cosas tengan para ti.

4 Una comparación detallada de ambas listas te ayudará a darte cuenta de que puedes estar estresado por cosas que carecen de importancia.

5 Ahora vas a aprovechar esas mismas situaciones (particularmente las de menor importancia) para combatir el estrés. Recuerda tus estados de estrés y cómo empezaron. Úsalos como un medio relajante: Si te encuentras en medio de un atasco de tráfico, utilízalas como un recordatorio que te permita aliviar la tensión muscular (véase página 22). Si tu jefe o tus compañeros de trabajo te ponen nervioso, practica los ejercicios de respiración de la página 66. Si tienes ganas de chillar a alguien, en su lugar, prueba a sonreírle. De esa manera aprovecharás las circunstancias estresantes en tu propio beneficio.

por uno mismo disminuye, nos hacemos mucho más sociables. A partir de ese momento, contemplamos las vicisitudes de la vida más como cambios naturales que como amenazas.

UN PUNTO DE VISTA PRÁCTICO

La salud corporal junto con un buen sistema inmunológico nos ayuda a evitar el estrés. Hay muchos medios físicos de combatir el estrés y de prevenir sus síntomas. Algunos los detallaremos algo más adelante, otros, los expondremos a continuación.

Actuar con calma puede ayudar a concentrarse en la tarea que se tiene entre manos, en lugar de dispersarse haciendo tres cosas a la vez. Trabaja en una sola cosa al mismo tiempo y concéntrate en tu tarea; disfruta con tu trabajo, en vez de pensar en cuándo lo terminarás. Tomás Moro, humanista inglés del siglo XVI, insistía que él daba absoluta prioridad a lo que estaba haciendo en cada momento, ya fuera algo sencillo o complicado. Pruébalo y comprobarás que derrochas menos energía, encuentras menos obstáculos y tensiones y, al final, ganas tiempo. No malgastes tus fuerzas en cosas sin importancia. Al contrario, trata de conservarlas para estar en paz contigo mismo.

Ejercicios contra el estrés

Quizás te sorprenda saber que los juegos malabares son ejercicios físicos y mentales muy eficaces contra el estrés. Te ayudan a concentrar tu cuerpo y tu mente en una sola cosa. Haciendo malabarismos con simples pelotas, mejorarás rápidamente. Los juegos malabares precisan de una coordinación ojos-manos y una coordinación mente-cuerpo. Son una actividad que requiere la concentración del cuerpo y de la mente, descargándolos de otros pensamientos y preocupaciones. También brindan la oportunidad de moverse e incrementan la actividad física.

Juegos malabares

Empieza por levantarte teniendo tres pelotas pequeñas a tus pies. Coge una pelota en cada mano. Mantente erguido, con los hombros relajados y los codos pegados al cuerpo, los antebrazos paralelos al suelo y las palmas de las manos hacia arriba, cada una con su pelota. Lanza la pelota procurando que los brazos no se separen del cuerpo.

Primera fase

1 Lanza alternativamente una pelota al aire y recógela. Procura lanzarla verticalmente, de manera que la pelota caiga directamente en la palma de tu mano abierta. No la tires por encima de tu campo de visión para que no tengas que echar la cabeza hacia atrás. Repite con ambas manos hasta lograr un movimiento continuo y seguro.

2 Prueba ahora a tirar al aire las dos bolas simultáneamente y a recogerlas a la vez.

No olvides que ahora estás manejando dos pelotas y que no debes perder el control de ninguna. Ve

1 Con una pelota en cada mano, lanza una al aire y, a continuación, la otra. Recoge cada una de ellas con la misma mano con que las has tirado. Asegúrate de que las tiras verticalmente y a la altura de tus ojos. Este es el ritmo: "Lanzar la 1. Lanzar la 2. Coger la 1. Coger la 2". ¡Facilísimo!

2 Al igual que antes, tienes que tirar una pelota tras otra, pero ahora tienen que cruzarse en el aire, trazando un arco con el punto medio a la altura de tu frente. Como antes, los extremos del arco son las palmas de tus manos.

Tirar la pelota 1 describiendo un arco, tirar la 2; coger la pelota 1, coger la 2. Ambas deben haber descrito en el aire un arco similar, haber alcanzado idéntica altura (la tu frente), y caído en la mano contraria. Practícalo hasta dominarlo.

Tercera fase

¡Prepárate para demostrar tu nivel de control! Toma las tres pelotas, dos en tu mano derecha y la otra en la izquierda. Vamos a incorporar una pelota más a la secuencia. Si te has entrenado bien, añadir una pelota es algo lógico, pero de nuevo obliga al cuerpo a realizar aquello que el cerebro sabe que es lo necesario.

Así que lanza la pelota 1 (en la mano diestra) describiendo un arco, lanza la 2 con la mano izquierda. Coge la 1. Lanza la 3 con la derecha mientras recoges la 2. Vuelve a tirar la 1 al tiempo que recoges la 3.

Dicho así, parece tremendamente complicado, pero, poco a poco, irás cogiendo el ritmo. Sobre todo, debes concentrarte en los lanzamientos. Muchas

poco a poco, seguro, y tranquilo. Procura lanzarlas verticalmente, a la misma altura, y a la misma velocidad.

3 Coge una de las pelotas con una mano y tírala describiendo un arco en el aire. Tírala de manera que el punto medio del arco quede a la altura de tu frente y empiece a caer hacia la palma de tu otra mano. Practica este movimiento hasta hacerlo suave y tranquilamente. Mantén el codo firme para que el brazo no se mueva, y la vista al frente.

Practica los tres ejercicios hasta que los domines de tal forma que puedas ejecutarlos con la vista relajada.

Segunda fase

Esta fase es algo más difícil porque requiere arrojar las pelotas una después de otra.

personas intentan recoger una pelota sin lanzar la siguiente, de manera que acaban teniendo dos bolas en la misma mano. Siempre debe haber una bola en cada mano y la tercera en el aire.

EJERCICIOS ANTI-FRUSTRACIÓN

Cuando a lo largo de la jornada empiezan a acumularse las frustraciones y las dificultades, aumenta la tensión corporal, tanto interna como externamente.

Ciertos músculos se van tensando y la respiración se va haciendo más rápida o entrecortada. Esto se conoce como el síndrome de "defiéndete o escapa". Es cuando el cerebro percibe un peligro y, para evitarlo, el cuerpo se prepara para defenderse o escapar de él. Desgraciadamente, en la vida moderna, las circunstancias que provocan este tipo de respuestas no pueden eludirse con solo salir corriendo o luchar.

En la privacidad de nuestro hogar, sin embargo, podemos ayudarle a quemar tensiones haciendo algo físico. ¡Dedica unos pocos minutos a estos ejercicios y tu cuerpo se verá libre de tensiones!

Centra tus sensaciones en estos ejercicios físicos de danza, transformando esas sensaciones en movimientos. Si estás irritado, mueve los brazos agresivamente, como golpeando al aire. Lo mismo si estás triste, pero más lenta y flexiblemente.

Aprovecha tu tristeza para transformar el movimiento en algo más ondulante, más sutil, si es eso lo que tu tristeza te hace sentir. De esta manera, estarás valiéndote de tu cuerpo para liberarte de las tensiones mentales internas, y una parte del cuerpo puede ayudar a

EJERCICIOS ANTI-FRUSTRACIÓN

1   Separa los pies, las manos a los costados. Estira con fuerza el brazo derecho, cruzando por delante del pecho, como si fueras a atrapar a alguien.

2   Adelanta el pie izquierdo y aprieta con tu brazo izquierdo el plexo solar mientras te doblas hacia delante, como harías si alguien te golpeara en el estómago.

Repite los pasos 1 y 2 con las piernas y brazos contrarios. Siente cómo, cada vez que golpeas, expulsas tu energía negativa. Cuando extiendas el brazo, imagina que esa energía y esa tensión acumuladas salen al exterior por las yemas de tus dedos.

3   Golpea hacia arriba con el brazo derecho, el puño cerrado, en diagonal hacia la izquierda. Después, con el brazo izquierdo, golpea en diagonal hacia arriba, hacia el lado derecho.

4   Coloca la cabeza entre ambos brazos, cubriéndote los ojos con los antebrazos y doblando las rodillas. Pon tu cara como si estuvieras gritando.

5   Finalmente deja caer tus brazos lateralmente y enderézate poco a poco, con la cara hacia el techo. Permanece así para permitir que la tensión de tu cara y tus hombros vaya deslizándose por el torso hasta llegar al suelo. Repite los ejercicios en las cuatro esquinas de la habitación e intenta introducir en ellos distintas sensaciones, verás como todos los movimientos cambian.

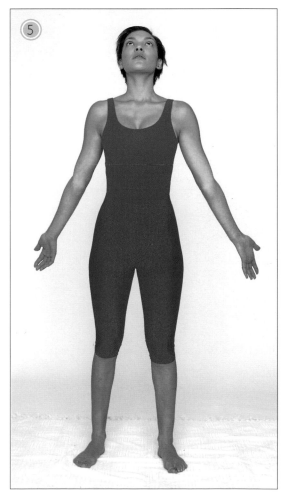

sanar otra. Realiza estos ejercicios cuando te sientas frustrado, cuando te sientas acorralado e incapaz de resolver una situación. Muchas personas que han estado en prisión, recomiendan este tipo de ejercicios físicos como una ayuda para eludir las presiones físicas y mentales.

Estos ejercicios no resuelven todos tus problemas pero sí activan tus músculos de defensa o escape y evitan que la tensión mental afecte físicamente a tu cuerpo. ¡Te permitirán enfocar los retos mentales con una mente más tranquila y despejada!

Aliviando las tensiones

Una forma distinta de aliviar las tensiones es una terapia de mecedora. Si posees una cómoda mecedora en la que poder sentarte y balancearte, puedes tener un buen instrumento para tranquilizarte después de un día agitado.

Las tensiones y las frustraciones diarias, así como la forzosa inmovilidad pasan factura al cuerpo. Estar sentado ante una mesa de despacho o encerrado en un coche por largos periodos puede dar lugar a debilidad muscular y articular, y a un sin número de frustraciones añadidas.

Si estás inmerso en una de esas situaciones durante más de 20 minutos diarios, no te importará dedicar cinco minutos a unos ejercicios muy sencillos para estirar y vigorizar los músculos inactivos y activar el flujo sanguíneo en las áreas adormecidas.

EN EL COCHE

¡Asegúrate de que estás correctamente estacionado antes de comenzar los ejercicios!

1 Estira ambos brazos hasta tocar el techo de tu vehículo. Échalos un poco hacia atrás para estirar las articulaciones de los hombros. Al mismo tiempo, echa hacia delante la caja torácica para que la espalda quede levemente arqueada. Te relajará los hombros y la zona lumbar. Por último, pega la zona lumbar al respaldo del asiento, contrae los músculos del estómago, y baja los brazos.

2 Estira los brazos, pon las manos sobre el volante, y pega el cuerpo al respaldo del asiento y mantente recto para estirar la columna vertebral. Como si tu cabeza estuviera inmovilizada en el techo y tu cóccix en el asiento, mueve los omóplatos arriba y abajo y estira el cuello. Respira con regularidad y relájate. Este ejercicio te ayuda a estirar y relajar la columna aprisionada en una postura incómoda.

3 Siéntate recto y oprime los músculos de la cintura elevando la cadera hacia el tórax. Haz lo mismo en el costado opuesto. Esta nueva flexión de la columna permite relajar la zona lumbar.

4 Deja todo lo que estés haciendo, mira al frente, y relaja los hombros y las manos durante unos segundos. Ahora empieza a enderezar la columna subiendo y bajando el tórax, encogiendo los abdominales e impulsando la cabeza hacia el techo. Con las manos, empuja la cabeza hacia debajo de manera que la barbilla se clave en el pecho. Mantén recta la zona lumbar de forma que el estiramiento se produzca desde la base del cráneo pasando por los hombros. Repite este ejercicio cada vez que sientas aumentar la tensión en el cuello y la parte superior de la espalda. Para terminar, respira profundamente y rota los hombros atrás y adelante para reconcentrar tu atención.

Página siguiente: Cómodamente sentado en tu silla, repasa tu jornada. Deja que los hechos negativos afloren a tu mente, pero no te recrees en ellos. Céntrate en los aspectos positivos del día.

EJERCICIOS PARA LA OFICINA

Trabajar durante largos períodos tras una mesa, y en especial delante de la pantalla de un ordenador, puede, en ocasiones, motivar la curvatura de la parte superior de la espalda. Mantener la barbilla adelantada puede convertir la columna en un montón de incómodas curvaturas. Conviene corregir esas malas posturas haciendo alguna que otra pausa en el trabajo y realizando los ejercicios siguientes para recuperar el equilibrio y aumentar el riego sanguíneo al cerebro.

1 Con los brazos caídos, estira el cuello inclinando tu oreja derecha hacia el hombro. Muy despacio, levanta la cabeza y ve girándola hacia el lado izquierdo, procurando acercarla lo más posible al hombro. Repítelo en sentido contrario.

2 Siéntate recto en tu silla y empieza a agachar la cabeza curvando a la vez la columna. Exhala lentamente mientras, con los brazos a ambos lados, sigues inclinándote hasta colocar el pecho entre ambas rodillas manteniendo la cabeza un poco más baja. Al estar la cabeza en una posición inferior, la sangre llega mejor al cerebro. (No mantengas esta postura mucho tiempo, pues podrías llegar a marearte). Inspira y ve enderezándote poco a poco.

3 Siéntate en tu silla con los talones sobre el asiento, acerca los muslos al abdomen y al tórax valiéndote de tus manos. Ahora, extiende un brazo hacia el suelo para provocar un estiramiento lateral del cuerpo. Estíralo lo más que puedas sin perder el equilibrio. Repítelo con el brazo contrario. El flexionar la columna lateralmente mantiene su movilidad y evita la rigidez. (Si la silla tiene

EVITANDO EL CANSANCIO OCULAR

El trabajo con ordenador o la lectura de tipos de letra pequeños pueden provocar un cansancio ocular y es conveniente relajar los ojos y los músculos faciales un momento. Deja de trabajar un rato, mira a lo lejos para que tu vista descanse y los ojos se recentren. Luego, frótate la cara, los ojos y la boca firmemente. Manteniendo los ojos cerrados, relaja, poco a poco, los músculos faciales y verás que la tensión va abandonando tu rostro. Repítelo tres veces más y luego, despacio, ve abriendo los ojos y vuelve a concentrarte.

apoyabrazos que te impidan inclinarte demasiado, apoya un brazo y estira el otro).

4 Ejercicio para los músculos oculares. Sin mover la cabeza, mueve los ojos hacia arriba, sin forzarlos. A continuación, muévelos hacia la derecha y luego hacia la izquierda. Después, hacia abajo tanto como te sea posible. Descansa. Ponte un dedo delante de la cara y míralo, luego mira al fondo, ahora de nuevo al dedo y, finalmente, vuelve a mirar al fondo. Al mirar a lo lejos habrás utilizado la totalidad de los músculos oculares y aliviado la línea única de visión que has estado usando todo el tiempo. También puedes adquirir libros y pósters de juegos visuales, en los que, una vez descansados los ojos, descubrirás detalles que, inicialmente, te han pasado desapercibidos. ¡Esos libros son un ejercicio excelente para la vista!

Pequeños descansos como los anteriormente expuestos ayudan a incrementar el flujo sanguíneo en áreas del cuerpo afectadas por la tensión, permitiéndote acumular energía.

EJERCICIOS EN EL HOGAR

Las personas atareadas también pueden realizar ejercicios de estiramiento en su propio domicilio. El andar de un lado para otro, subiendo y bajando escaleras, agachándose o doblándose, puede motivar un cansancio angustioso. Hacer un alto de cinco minutos para realizar los siguientes ejercicios te ayudará a continuar con renovadas energías.

Estas pequeñas distensiones deben formar parte de tu rutina diaria; te evitarán tensiones que pueden derivar en roturas fibrilares y en rigideces musculares.

1 Para destensar la columna. Levanta las manos hacia el techo e, inspirando profundamente, baja los brazos hasta la altura de los tobillos, doblando las rodillas.

2 Vuelve a la posición inicial. Apoya un brazo en la cadera y dóblate hacia ese lado, manteniendo firmes los pies en el suelo. Repite cambiando de brazo y de lado.

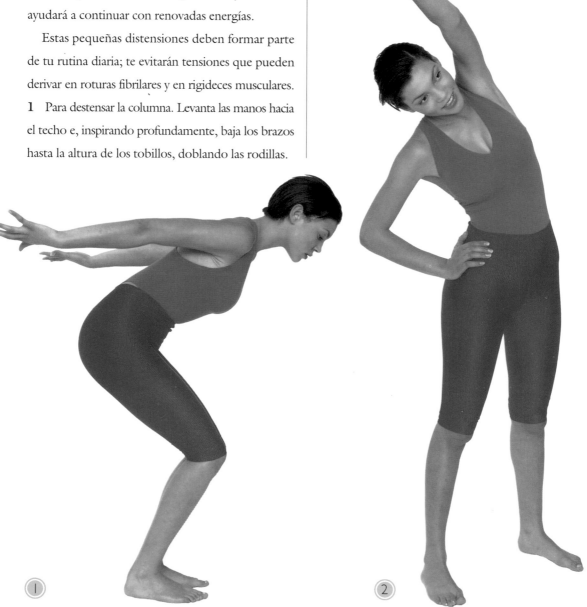

3 A partir de esta posición lateral, extiende el brazo levantado hacia delante, con las rodillas dobladas y la cabeza y las manos sueltas hacia el suelo. Inhala y exhala.

4 Dobla las rodillas hasta tocar el suelo con ambas manos, y, en esa posición, estira las piernas todo lo posible.

5 Dobla las rodillas una vez más y levanta el estómago. Por último, levanta la cabeza, balancea la columna y vuelve a la primera posición.

Conocimiento del cue

capítulo segundo

EL CONOCIMIENTO del propio cuerpo es uno de los caminos principales hacia un modo de vida mucho más saludable y relajado. Tu cuerpo dispone de amplios recursos para mantenerte estable y sin daño. Aprende a conocer tu cuerpo y a atender sus mensajes cuando los recibas. El cerebro está continuamente absorbiendo ingentes cantidades de información, información que filtra para ofrecernos los datos de mayor importancia para nosotros. Por ejemplo: cuando estás jugando al tenis, se producen cientos de miles de mensajes diferentes procedentes de todos los órganos sensoriales. Estos mensajes deben ser procesados y asimilados. Basta con pensar en los cientos de puntuales movimientos que se requieren para ejecutar un "passing shot" y considerar la cantidad de decisiones, sensaciones, experiencias y ambiciones que acompañan a cada movimiento. Tu cuerpo tiene habilidades asombrosas.

Homeostasis

El cuerpo tiene mecanismos propios para mantenerse en buen estado; es lo que se conoce como homeostasis. Todos conocemos la peculiaridad del cuerpo de mantenerse a una temperatura razonable. Cuando hace demasiado calor, el cuerpo segrega fluidos que enfrían la piel, y, cuando hace demasiado frío, se vale del pelo para conservar el aire caliente, o produce movimientos reflejos (tirita) para la elevar la temperatura corporal. Son incontables sus dispositivos para mantener el equilibrio. Por ejemplo, cuando

CONSEJOS DE AUTO-AYUDA

Podemos hacer algo para prevenir algunas molestias físicas y para aminorar sus efectos. Por ejemplo: cuando las personas que padecen la enfermedad de Raunauds se enfrían, las arterias de sus extremidades se constriñen y el flujo sanguíneo en los dedos de sus manos o de sus pies se reduce hasta el punto de amoratarse y perder la sensibilidad en los mismos. Los tratamientos por drogas pueden conllevar a veces desagradables efectos secundarios como dolores de cabeza o enrojecimientos de otras áreas de la piel. Algunos doctores recomiendan ejercicios de visualización. Si sufres esa enfermedad y el tiempo es frío, puedes dedicar unos minutos diarios a imaginarte a ti mismo tumbado en un cálida playa. Mueve tus pies y tus manos como si estuvieras enterrando en la arena cálida, envolviéndote cada vez más en calor. Ahora imagina los vasos sanguíneos de tus dedos dilatándose por la acción del calor del sol. Empieza a sentir cómo la sangre caliente recorre tus manos y tus pies hasta llegar a tus dedos. Mediante estas visualizaciones la sangre volverá a fluir por tus extremidades. No olvides practicarlas cada vez que sientas frío.

Las venas varicosas son otras de las molestias médicas que puedes combatir. Si pasas mucho tiempo en pie, busca unos momentos diarios para contraer las piernas, en especial los músculos de la pantorrilla. Para hacerlo, levanta los talones y flexiona los dedos de los pies tanto como puedas. Repítelo tres o cuatro veces. A continuación, dobla la rodilla y lleva el talón lo más cerca posible de tus glúteos. Repite el movimiento suave y rápidamente tres o cuatro veces más. Por último, levanta un pie del suelo, flexionándolo y estirándolo todo lo que puedas. Este ejercicio tan sencillo te ayudará a restablecer la circulación de la sangre por tus piernas.

Las migrañas siguen siendo un misterio para la medicina, aunque se cree que son una respuesta corporal al estrés. Cuando el cuerpo percibe una amenaza, la sangre es desviada hacia los músculos, restringiendo el suministro al cerebro. Cuando pasa la crisis, los vasos se dilatan y la sangre vuelve a fluir libre al cerebro. Al igual que ocurre cuando la sangre vuelve a correr por unos dedos congelados, esta vuelta de la sangre al cerebro produce un dolor intenso que conocemos como migraña.

Parece que al igual que la sangre se constriñe en el cerebro, se constriñe así mismo en las extremidades. Por tanto, si se puede distribuir sangre a los dedos de las manos y los pies, se puede, igualmente, bombearla al cerebro. Utiliza el mismo método recomendado para que los enfermos del mal de Raunauds activen la circulación sanguínea por los dedos de sus manos y pies. Si lo haces con los primeros síntomas de una migraña inminente, puedes conseguir que la sangre siga fluyendo al cerebro, previniendo su constricción y las dolorosas consecuencias. Aunque influyan otros factores, este ejercicio puede evitar el dolor de la migraña. Desde luego, esto significa que hay que escuchar al propio cuerpo y captar sus señales de alarma antes de que la migraña vaya a más.

escalamos una montaña, el cuerpo ajusta los niveles de oxígeno; si permanecemos largo tiempo al sol, produce melanina (que actúa como un bronceador) para librar a la piel de mayores daños. Por eso los nativos de zonas muy cálidas suelen tener la piel y los ojos oscuros, siendo menos sensibles a la luz.

Cuando nos hacemos una herida, en la mayoría de los casos el cuerpo ya ha comenzado el proceso de reparación antes de que consultemos al médico; el cuerpo siempre actúa como un doctor y, en determinadas circunstancias, emite sus propios diagnósticos. Por ejemplo, una inflamación consecuencia de una herida o una torcedura, no es más que un aviso para que evitemos movimientos perjudiciales. A menudo los pies y las manos endurecen su piel como medida protectora.

En determinados casos, cuando la resistencia natural del cuerpo y sus mecanismos de respuesta se ven rebasados, hay que recabar ayuda médica. Sin embargo, es necesario saber que la propia mente puede ayudar a la curación del cuerpo. Las reacciones naturales del cuerpo pueden verse inhibidas por culpa de nuestro estilo de vida y, en este caso, sí podemos hacer algo. Por ejemplo, cuando el sistema circulatorio funciona mal por culpa de una vida sedentaria, podemos estimular los flujos sanguíneo y linfático.

Escucha a tu cuerpo

El saber captar las señales de alarma es una parte importantísima del conocimiento del cuerpo y puede conducirnos a una mejoría física y mental de muchos aspectos de nuestra vida. Escucha a tu cuerpo.

Las crisis constantes nos llevan a atenuar el dolor mediante calmantes, pero esto no es más que pasar por alto los mensajes del cuerpo. Una vez que los hayas prestado atención y si el dolor persiste por cualquier razón, trata de afrontarlo positivamente. El miedo incrementa el dolor cuando se ignoran sus causas. El dolor tiene también su recompensa (despierta la simpatía y la amabilidad de los demás), de modo que asegúrate no sea precisamente ésta la razón de la persistencia del dolor. Si así fuera, busca esa atención que necesitas de una forma más positiva. Intenta divertirte para olvidarlo. Si necesitas atención y cariño, haz caso al dicho: "mejor el afecto que el medicamento".

El cuerpo también comunica al cerebro sus necesidades y esos mensajes son captados y remitidos a todos los órganos corporales. Desde nuestro nacimiento, tenemos nuestro propio centro

SEÑALES DE ALARMA

1 Presta atención al dolor y a los síntomas de fatiga como jaquecas, erupciones, indigestiones, palpitaciones, insomnio e irritabilidad. Son señales físicas de que tu cuerpo no hace frente, mental o físicamente, a determinadas cuestiones. Procura localizar las causas de la tensión.

2 Aprende a reconocer tus puntos débiles, a interpretarlos y a modificarlos.

3 A veces hay que acudir a un experto. Algunas cosas como, por ejemplo, sangrar sin motivo aparente, o alteraciones corporales tales como bultos, lunares, etc., o afecciones mentales como la depresión y la confusión necesitan ayuda externa. En estos casos no lo dudes, consulta a tu médico.

4 El dolor es un mecanismo de defensa. ¿Existe alguna razón que lo provoque?

hígado y beber gaseosa. A primera vista, parece una combinación absurda; pero la gaseosa puede evitar los mareos y el hígado contiene mucho hierro.

El único problema con tan maravillosas habilidades del cuerpo es que con el actual ritmo acelerado de vida, con las nuevas tecnologías y los cambios a que han dado lugar, la mayoría de estas señales del cuerpo no se tienen en cuenta o, simplemente, se ignoran. ¿Cuántas veces resistimos la tentación de ir al lavabo inmediatamente y nos vemos obligados a salir corriendo a vaciar la vejiga por no haber aliviado estas funciones básicas en su momento? ¿Cuántas veces pasamos por alto la sed y nos olvidamos de beber sin pensar en que el cuerpo puede deshidratarse?

La reacción homeostática más comunmente ignorada es la del centro de control del apetito, lo que explica el porqué tantas personas tienen exceso de peso. Comer se ha convertido en una moda, en un acto social o en una tentación irresistible, obviando el principio básico del cerebro que consiste en comer sólo cuando se tiene hambre. Las madres establecen a sus hijos la hora de comer, y tienen que comer en ese momento; los amigos nos invitan a merendar, y los comercios lanzan continuamente nuevos productos que no podemos dejar de probar. ¡Escuchar al cuerpo y satisfacer las necesidades primarias es algo que pertenece al pasado! Sin embargo, la obesidad limitará la capacidad natural de nuestro cuerpo para librarse del estrés y de la fatiga mental y física.

Escuchar al cuerpo y obedecerle es primordial para la relajación y para un modo de vivir mucho más simple. La nutrición es algo que todos podemos mejorar, tengamos sobre peso o no. Si logramos controlar nuestra dieta, notaremos muy pronto los beneficios en nuestro cuerpo y en nuestra mente.

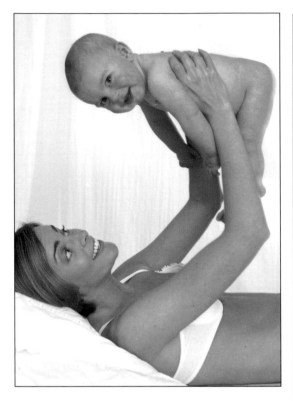

Durante la infancia, nos dejamos guiar por las señales de nuestro cuerpo; pero, al crecer, desoímos dichas señales, a menudo en detrimento de nuestra salud física y mental.

de control del apetito que nos avisa de cuándo y cuánto tenemos que comer. Se han realizado tests con niños y, durante la Segunda Guerra Mundial, con soldados, dejándoles desatendidos pero con una gran variedad de alimentos en cantidad suficiente para proveerles de la vitalidad necesaria.

La sed es un medio poderoso de avisarnos que necesitamos reponer nuestros fluidos. Esto se manifiesta especialmente en las madres lactantes, pues muchas sienten deseos de beber en cuanto el bebé empieza a alimentarse; necesitan reponer el líquido que su hijo está tomando. Igualmente durante el embarazo sienten lo que llamamos antojos. Por ejemplo, una mujer tiene el antojo de comer

La dieta

El régimen de comidas influye no sólo en el bienestar propio sino en la personalidad. Basta con comprobar las dietas seguidas por atletas y modelos para darse cuenta de que el tipo de alimentación que sigamos influirá en los niveles energéticos o grasos de nuestro cuerpo. Deberíamos seguir una dieta variada, aunque un capricho de vez en cuando no sienta mal. Sin embargo, no conviene abusar.

¿SIGUES UNA DIETA SANA?
Responde a las preguntas siguientes para saber si tu alimentación es tan sana como crees.

1 ¿Comerías un mínimo de cinco piezas de fruta y verdura al día?
2 ¿Consumirías siempre mayonesas y otras salsas bajas en calorías y productos lácteos desnatados?
3 ¿Utilizarías aceite de oliva para guisar?
4 ¿Eres capaz de renunciar a los fritos con exceso de grasa?
5 ¿Podrías comer más pescado y carnes blancas que carnes rojas?
6 ¿Tomarás galletas, pasteles, pastas, tartas no más de una vez a la semana?
7 ¿Comerías pasta fresca, pan y arroz?
8 ¿Consumirías legumbres y guisantes regularmente?
9 ¿Puedes utilizar preferentemente especias en vez de sal para aliñar tus alimentos?
10 ¿Desayunas?
Si puedes modificar tus hábitos alimenticios como para haber contestado "sí" a todas las preguntas planteadas arriba, estarás siguiendo una dieta verdaderamente sana y altamente nutritiva.

- Todos sabemos hoy en día que debemos tomar mucha fruta fresca y también verduras, pero ¿cuántas veces lo hacemos?
- Estamos enterados de la existencia de productos alternativos bajos en calorías, pero ¿los compramos?
- No ignoramos que es muy saludable seguir una dieta rica en fibras, pero ¿consumimos suficientes cereales? Gran parte de los trastornos intestinales más frecuentes hoy día, se deben a la ingestión de alimentos muy refinados que no requieren un esfuerzo de los músculos intestinales. De este modo, dichos músculos van debilitándose poco a poco y pueden causarnos problemas de tipo tóxico.

DIFERENTES DIETAS

Hemos de tener presente que no hay alimentos intrínsecamente malos ni tampoco alimentos milagrosos. La diferencia radica en que solo debemos consumir unos ocasionalmente, como por ejemplo, patatas fritas, huevas de pescado, dulces, leche entera, mantequilla, helados, etc., mientras otros tales como arroz y pan integral, pasta fresca, pollo y pescado, podemos comerlos a diario, aunque dentro de unos límites razonables y, por supuesto, cuando de verdad tengamos hambre. Debemos comer sentados, despacio y saboreando la comida. Es más recomendable que comer de pie, que dificulta la digestión y no nos permite descansar.

Hay que beber bastante líquido, sobre todo agua. Lo ideal serían ocho o diez vasos diarios. En caso contrario, nos sentiremos cansados y apáticos. Una sensación que, a menudo, se confunde con el

hambre, por lo que, si no bebemos lo necesario, podemos llegar a tener problemas de peso.

Reduzcamos al mínimo el consumo de té, café, cacao y cola. Son bebidas que contienen cafeína, un estimulante. Cuando estamos sometidos a una gran presión, muchas veces abusamos de esas bebidas, pues, de momento, facilitan la circulación y aminoran la sensación de cansancio. Aunque cuando abusamos de su consumo –por ejemplo, seis tazas de café y una chocolatina diaria- los efectos colaterales pueden ser muy similares a los síntomas de estrés. La cafeína es adictiva. Cuando dejamos de consumirla después de haber estado habituados a ella durante un prolongado periodo de tiempo, podemos padecer el síndrome de abstinencia.

Todas estas cosas sólo sirven para la incrementar la presión diaria, precisamente cuando estamos intentando disminuirla. Si no podemos cortar esa dependencia mediante técnicas de relajación como las expuestas en este libro, procuremos entonces tomar esa taza de café de más como un regalo, paladeándola en vez de engullirla con ansia como si de verdad fuera un tónico.

CONTROLAR QUÉ
Y CUÁNTO SE DEBE COMER

El control de nuestra alimentación es un negocio del siglo veinte que produce más de un billón de libras de beneficio a la industria de productos dietéticos. Sin embargo, hablando en términos de cuidados físicos, mantener un peso equilibrado se reduce a una sencilla ecuación que se expone en el cuadro más abajo.

El doctor Vernon Coleman, hablando del centro de control del apetito, dice que "está diseñado para garantizar que comemos sólo aquello que el cuerpo necesita, exactamente cuando el cuerpo lo necesita". Sin embargo, una vez más la costumbre puede pasar por alto las necesidades del cuerpo y no dejar que sea el estómago quien diga cuándo hemos de comer. Debido a los compromisos sociales, muchas veces comemos más por educación o por aburrimiento que por hambre. Muchas personas comen más por curiosidad, tradición y oportunidad, que porque sus cerebros les avisen de la necesidad de alimentarse. Por esta causa, hay una tendencia generalizada a desatender las señales corporales y cuando nos tientan con todo tipo de nuevas experiencias gustativas, cedemos ante ellas en lugar de limitarnos a una alimentación auténtica.

EL ÚNICO CONSEJO NECESARIO SOBRE LA DIETA

Comida = Calorías necesarias para la renovación de energías

Toda actividad consume energías

ENERGÍA (calorías) debe ser igual a RENDIMIENTO (actividad)

Un exceso de energía significa calorías acumuladas =ACUMULACIÓN DE GRASA

Un exceso de RENDIMIENTO significa consumir las grasas acumuladas para producir energía = DISMINUCIÓN DE GRASAS ACUMULADAS

CONTROL DEL APETITO MEDIANTE EJERCICIOS DE VISUALIZACIÓN

1. **Imagínate que estás con un amigo/a.** Estáis a punto de pedir unas copas y la comida o la merienda en vuestro café o restaurante favorito.

2. **Trata de imaginarte tus pensamientos y sensaciones en esa situación.** Supón que, después de haber tomado un vaso de buen vino, exclamas: "¡Al diablo con las comidas razonables! ¡Hoy me apetece disfrutar!"

3. **Ahora, piensa en ti mismo diciendo "no" a unos deliciosos aperitivos y eligiendo una ensalada. ¡Imagínate resistiendo!** Sigues disfrutando del ambiente acogedor, escuchando las palabras de tu amigo, y comiendo y bebiendo. Nada ha cambiado en realidad, salvo que tu elección, al optar por un plato mucho más ligero, ha sido más sabia y razonable.

4. **Practica este ejercicio de visualización cada vez que salgas a comer y algún plato del menú te tiente.** Si esto no funciona, recuerda que, a la larga, las comidas ligeras sólo aportan beneficios a tu salud y facilitan un mejor control de tu peso.

No vamos a entrar en detalles sobre el control de peso, pero, cuando comas fuera de casa, procura elegir sensatamente. Elige platos para tu subsistencia —pan, pasta, verduras, que son ricos en hidratos de carbono y suministran al sistema una cantidad controlada de energía— en lugar de decidirte por alimentos azucarados. Recurre al ejercicio de visualización sugerido antes para resistirte a esos productos altos en calorías y de escaso valor nutritivo. Tan sólo son calorías con una envoltura atractiva.

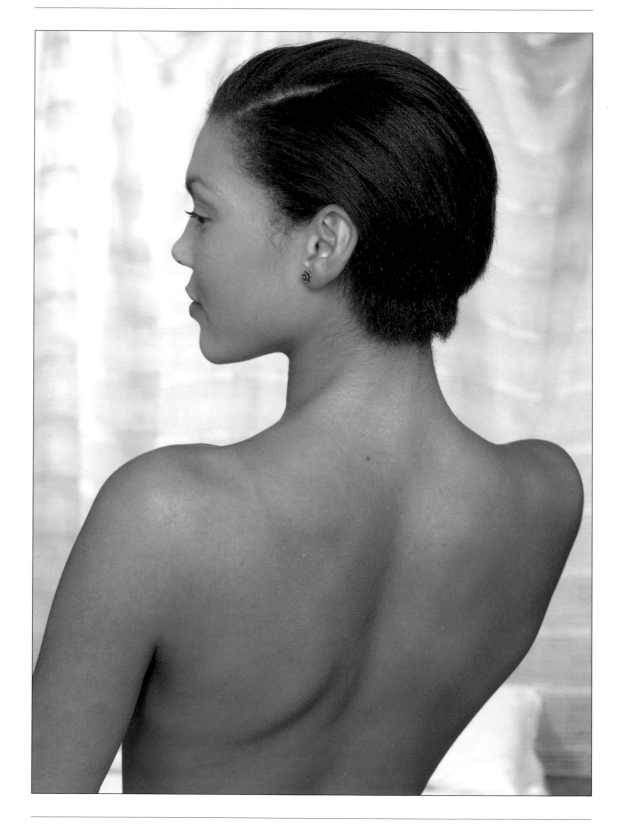

Relajación durante las tareas cotidianas

Los ejercicios de estiramiento y directos no son los únicos que nos ayudan a llevar una vida más relajada. Debemos revisar la manera en que afrontamos nuestras obligaciones diarias tanto en el aspecto físico y como en el mental. Al igual que en otras facetas de nuestra vida, debemos conocer mejor nuestras obligaciones para llevarlas a cabo del modo que menos tensiones genere. Seamos conscientes de que, muchas veces, menos es más, y de que, si pensamos y actuamos con mayor simplicidad, podremos cumplir con mayor eficacia nuestras obligaciones.

Cuerpo y mente están íntimamente ligados, por eso ningún problema en nuestra vida cotidiana puede convertirse en un hábito generador de tensiones. Si no logramos liberarnos de las tensiones físicas, mal podremos ayudar a nuestra mente a combatirlas. Por eso debemos pensar con tranquilidad y actuar de una forma más eficaz y beneficiosa.

Por desgracia, es fácil confundir relajación con inactividad. Por ejemplo, con tumbarse y no hacer nada. Esa es, en efecto, una de las muchas maneras de relajarse. Pero también podemos relajarnos sentados, de pie o paseando, sin quedarnos lasos e indefensos. Hay muchas formas de emplear los músculos, las articulaciones y ejes que permiten combinar una alta tonicidad muscular con un total equilibrio.

Página contigua: Mantén tu postura habitual y empieza por analizar las diversas tensiones y desequilibrios de dicha postura. Utiliza las técnicas de Alexandre para pensar en tu cuerpo.

TÉCNICAS DE ALEXANDRE

Las técnicas de Alexandre animan a los alumnos a utilizar su cuerpo sin perder su alineación y equilibrio naturales. En su época de actor, y por culpa de una súbita afonía, F. M. Alexandre se dio cuenta del mal uso que estaba haciendo de su cuerpo. Desde ese momento se propuso utilizar su cuerpo de un modo distinto que le permitiera evitar el estrés muscular. Y empezó a aplicar esa misma fórmula a todo tipo de personas. Alexandre procura corregir los movimientos habituales estresantes en lugar de sugerir otros alternativos. Con frecuencia ignoramos o sacrificamos el equilibrio natural del cuerpo en aras de una vida atareada al máximo, y olvidamos que hacer un alto para reponer los recursos naturales de nuestro cuerpo puede ser de gran importancia. Antes de modificar nuestros movimientos corporales, probemos algunos de los consejos de Alexandre para centrar mentalmente las áreas de tensión, sin hacer nada más.

1 Empieza por ponerte en pie y pensar en tu cuerpo, sin forzarle a adoptar una postura poco natural. Trata de descubrir dónde hay tensiones o desequilibrios, pero no intentes reajustarlos. Alexandre hace hincapié en que los antiguos malos hábitos se corrigen con mayor facilidad que los nuevos. Una vez que hayas localizado las zonas de tensión en tu cuerpo, ya puedes empezar a pensar en cómo corregir tus reacciones habituales.

2 Ahora, sin intentar cambiar nada, medita sobre estas frases: "Cuello suelto - Cabeza erguida".

CÓMO CONTROLAR LOS MOVIMIENTOS DEL CUERPO

Contrólate durante todo el día y haz todo con el menor esfuerzo físico posible. Actúa despacio y poniendo atención a lo que estás haciendo y a cómo lo estás haciendo y comprobarás que las incidencias, la pesadez, los accidentes y la irritabilidad disminuyen.

● ¿Coges las cosas con una sola mano, encorvando los hombros a la vez?

● ¿Cargas todo en un solo lado, levantando una parte del torso y sobrecargando la otra?

● ¿Te vales de todo el cuerpo para abrir la tapa de un tarro cuando sería mucho más eficaz un giro de muñeca sin involucrar a los hombros?

● Prueba a utilizar la fuerza y la flexibilidad natural de tu cuerpo. En él hay zonas que permiten flexiones, inclinaciones y esfuerzos naturales. Recuerda doblar y girar el cuerpo y sus articulaciones tal y como han sido concebidas. Si te inclinas, es mejor que lo hagas valiéndote de las articulaciones de la cadera que curvando la columna. Para girar el cuerpo, gira la caja torácica en lugar de forzar las rodillas.

● Cuando estés de pie, estírate, sin tensar el mentón. Mantén el abdomen liso y piensa que los hombros y la pelvis son una parte de la espalda. Eres como un bloque en el cual manos y pies se mueven libremente.

● No te sientes con la columna curvada y el estómago caído, e intenta resistir la tentación de cruzar las piernas que, no sólo presionan inútilmente el final de la columna, sino que constriñen la circulación.

● Haz una prueba de cómo caminas. Ponte frente a un espejo y pega en él un papelito a la altura del centro de la frente de tu imagen reflejada. Aléjate y ve caminando hacia el espejo, sin perder de vista la señal y manteniéndola centrada. Así comprobarás si te balanceas o andas inclinado hacia un lado. Este defecto lo puedes comprobar también examinando las suelas y los tacones de tu calzado y viendo si los zapatos están más desgastados de un lado o de otro. Son defectos que necesitan tiempo para corregirse, pero el primer paso es incrementar el conocimiento de uno mismo, lo cual nos ayudará a llevar a cabo esos pequeños ajustes que van a permitirnos movernos con mucha más soltura y una mejor distribución de nuestro peso.

No fuerces el cuello adelante o atrás; limítate a tenerlo descansado mentalmente, con un mínimo de cambios psicológicos.

3 Piensa ahora: "Estira y ensancha la espalda", como forma de no someter a tu cuerpo a posturas rígidas. A continuación: "Espalda erguida, estómago adentro". Estás sugiriendo a tu cuerpo el concepto de músculos firmes y ligeros a la vez, para evitar que unas áreas estén más tensas que otras.

4 Piensa a continuación: "Hombros sueltos y erguidos". Si vas a doblar las rodillas, piensa: "Rodillas adelante, a la altura de la puntera". No olvides que las zonas más estables del cuerpo son el tronco y la pelvis, ambas resistentes y flexibles. Sobre ellas, la cabeza debe permanecer suelta, sin presiones, mientras estas ideas ayudan a relajar tu cuerpo.

CORRIGIENDO NUESTRAS OBLIGACIONES COTIDIANAS

Si logramos localizar el origen de nuestras frustraciones e impaciencia, podremos afrontar nuestras obligaciones con mayor eficacia y destreza y, a partir de ahí, modificar nuestras conductas. Durante unos cuantos días trataremos de hacer frente a nuestras obligaciones con una actitud más relajada. Nos valdremos de la respiración para marcarnos el ritmo y librarnos de frustrantes titubeos. Todos nos hemos encontrado alguna vez con que la llave de nuestro coche no gira en la cerradura, o la puerta de un armario no se abre. En estos casos, en vez de irritarnos y tratar de abrirlos por la fuerza, retrocederemos un paso hasta tranquilizarnos, bajaremos los hombros, inhalaremos por la nariz y exhalaremos lentamente. Después, volveremos a intentarlo con el menor esfuerzo posible, enfocando el problema desde un punto de vista lógico. Incluso un aparato de TV dura más cuando lo cuidamos. Reaccionando con calma en lugar de con frustración, nos sentiremos mejor durante todo el día.

Probaremos con otra tarea sencilla para averiguar qué otras partes del cuerpo no estrictamente necesarias involucramos en ella. Por ejemplo, al coger el teléfono o el bolígrafo, comprobaremos si empleamos una fuerza inapro-

"Dejarse caer" no es la mejor postura, aunque los hombros estén bajos y relajados

piada o tenemos tensiones innecesarias. Indaguemos si distribuimos mal el peso o la fuerza, o estamos rígidos y con los dientes apretados. De esta forma empezaremos a localizar las pequeñas bolsas de tensión que hay que vaciar o las innecesarias contracciones musculares que hay que liberar.

Si tienes un animal, un gato por ejemplo, observa la soltura y economía de movimientos con que se desplaza. Al moverte tú, piensa en conceptos como agilidad, ligereza y equilibrio. Cuando permanezcas en pie, imagina tu cuerpo como un conjunto de bloques de construcciones infantiles colocados unos sobre otros. Si tu postura es la correcta (ver página 54), el esqueleto estará bien equilibrado, sin tender a uno u otro lado, y la cabeza suelta. La postura ideal es la intermedia entre la militar "hombros atrás, pecho fuera" y el desgarbo de moda. Cuando pienses en tus hombros, no te ordenes "hombros atrás" y fuerces tus omóplatos creando tensiones por todas partes. Por el contrario, has de ser consciente de que tal vez necesites aliviar la tensión encorvando los hombros. Conocer las propias tensiones es la mejor forma de librarse de ellas. Al cuerpo nada le dice nuestro mero deseo de relajarnos.

TRANSFERENCIA CONSCIENTE DE TENSIONES

Existe otra forma de relajar ciertas áreas. Si aprendemos a llevar la tensión de una zona del cuerpo a otra, podemos, no sólo liberar unas áreas, sino reforzar aquellas que lo necesiten. Por ejemplo, cuando entramos en una habitación llena de gente, podemos sentirnos tensos. La reacción más común es encorvar los hombros con lo que la tensión se acumula en los omóplatos y va subiendo hacia el cuello. Tratemos de darnos cuenta de lo que nos está pasando y, conscientemente, levantemos los hombros y metamos el estómago. Pensemos en transferir la tensión de los hombros a los músculos del estómago. En las modernas técnicas de danza, se considera el plexo solar y el estómago como las raíces del movimiento y la fuerza, porque ambas zonas están bien equipadas para soportar la tensión y utilizarla provechosamente.

Contraer el estómago entona los músculos y ayuda a mantener erecta la columna. También libera la parte superior del torso, dándonos una apariencia de calma, de persona asequible, en vez de presentarnos como abrumados, encogidos.

Del igual modo, al sentarnos, en lugar de cruzar las piernas o los brazos en actitud defensiva, transfiramos conscientemente la tensión a la columna, manteniendo los miembros relajados. Así la sangre fluirá mejor a piernas y brazos, y podremos alimentar el estómago manteniendo el aplomo y el equilibrio a la vez.

Todos estos cambios necesitan práctica, pero incluso dedicándolos poco tiempo, notaremos una sensible mejoría en nuestra forma de ver y de sentir, y, con una práctica continuada, llegarán a hacerse automáticos e inconscientes.

UNA APROXIMACIÓN MÁS INMEDIATA

Ciertas tareas van a necesitar un enfoque más exacto, si es que queremos resolverlas con seguridad y tranquilidad. Muchas personas se fatigan o se lastiman innecesariamente al levantar objetos pesados, por falta de técnica. Sabemos que tenemos que doblar las rodillas, pero ¿lo hacemos de manera correcta? ¿Estamos seguros de que, aun teniendo las rodillas dobladas, no estamos basculando y cargando todo el peso sobre la espalda? Estudia la siguiente guía para comprobar tu técnica.

No te desplomes en la silla con las piernas cruzadas. Manténte erguido para evitar tensiones.

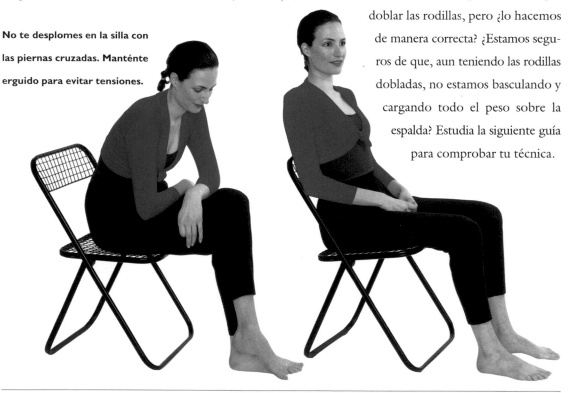

CÓMO AGACHARSE PARA CARGAR UN PESO

Colócate frente al objeto a levantar, con los pies separados, y tan cerca de él como puedas.

● Empieza por doblar las piernas, adelantando las rodillas hasta la puntera de los pies, de tal forma que las caderas y la cabeza estén en línea recta, con la vista puesta en el objeto a levantar.

● La espalda no debe quedar arqueada y el peso del cuerpo debe estar soportado por los talones, de manera que sean los músculos de las piernas y los glúteos los que se encarguen de hacer el esfuerzo.

● Contrae el estómago para hacer fuerza, inclínate hacia delante y usa los músculos de los brazos para acercar el objeto a tu cuerpo.

● Mantén la cabeza alineada con la columna y la vista al frente.

● Si es posible, acuérdate de contraer los músculos abdominales, haz fuerza con las piernas y los glúteos para incorporarte.

Este modo de levantar peso evita que el esfuerzo repercuta en la columna que tan fácilmente puede resultar dañada. De esta forma, la columna permanece estable y el peso recae en los músculos de las piernas y los glúteos, mucho más resistentes.

CÓMO TRANSPORTAR OBJETOS

También el transporte de objetos debe hacerse con los brazos y el pecho para no forzar la espalda.

Flexiona el estómago para proporcionar una base de apoyo al objeto, en lugar de llevarlo a una

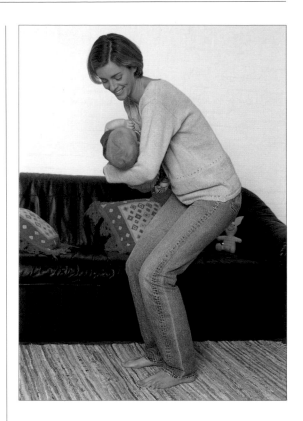

Cuando tomes en brazos a un bebé, pégalo a tu cuerpo y dobla las rodillas al levantarte.

cadera, con lo que se desequilibraría la columna y la presión en los pies. Cuando llevamos a un niño en brazos, lo mejor, si es posible, es cruzarlos por detrás de sus piernas y soportarlo con ambos brazos, evitando así cargar su peso en un solo lado del cuerpo. De esta forma mantendremos las manos libres para llevar otras cosas.

El ejercicio es uno de los antídotos contra el estrés más naturales y mejores. No sólo vigoriza, sino que una práctica regular puede cambiar nuestra forma de vida. Los jóvenes y los no tan jóvenes sufrimos continuas modificaciones físicas a lo largo de la vida y hacer ejercicio es una de las formas de mantenimiento más recomendable.

El ejercicio es salud

El ejercicio es un excelente nivelador del que todos podemos beneficiarnos, ya seamos jóvenes o ancianos, ricos o pobres. El cuerpo es un organismo vivo que necesita de una disciplina que regule su uso. Tanto los músculos como la mente deben ser estimulados y enfrentados a retos para evitar su debilitamiento y posterior atrofia. Thomas Jefferson, uno de los Padres Fundadores de los Estados Unidos, afirmó en cierta ocasión: "El ejercicio es el vigorizador por excelencia del cuerpo", y, prácticamente hablando, relajación y fortalecimiento son las dos caras de una misma moneda.

El cuerpo está dotado de músculos capaces de estirarse y contraerse y que, como los motores que impulsan un aeroplano, necesitan continua atención y mantenimiento. Los músculos responden al trabajo (o estrés positivo) y van aumentando su fuerza y su firmeza para cumplir con los esfuerzos extras que se les piden. No es cierto que el corazón, el músculo por excelencia, no necesite trabajar para fortalecerse y aumentar su eficacia. Mediante ejercicios estimulantes, los músculos cardíacos se vigorizan y aumentan la capacidad de bombeo de sangre (y del precioso oxígeno) por todo el cuerpo con más rapidez y con menor esfuerzo. Un músculo cardiaco fuerte espacia más sus latidos y permite que el cuerpo se ejercite por más tiempo con menos fatiga, de igual modo que responde a los desafíos físicos

INDICE CARDÍACO OPTIMO

La forma más precisa de comprobar si funcionamos con la intensidad adecuada, es calculando el índice cardiaco óptimo. Vamos a trabajar con una intensidad en la que el índice cardiaco se sitúe entre un sesenta y un ochenta por ciento, dependiendo de nuestro estado de ánimo. Una intensidad de más o menos el setenta por ciento es, probablemente, el nivel ideal para quemar grasas. Hagamos la siguiente operación para descubrir nuestras limitaciones.

Resta tus años de edad de 220 y calcula el 65 por ciento de la cifra resultante. El resultado es el nivel mínimo de tu índice. Para el nivel máximo, resta tus años de 220 y calcula el 80 por ciento. Por ejemplo, si tienes 32 años, el cálculo será el siguiente:

$$220 - 32 = 188$$
$$188 \times 65\% = 122$$

$$188 \times 80\% = 150$$

Por lo tanto, tu ICO se mueve en una escala comprendida entre 122 y 150.

Ahora que ya dispones de tu ICO, utilízalo para controlar tu preparación física. Haz una pausa en tu sesión de aeróbic y tómate el pulso durante 6 segundos. Para tomarte el pulso, busca con dos dedos la arteria situada en la parte interior de la muñeca. Cuenta el número de pulsaciones. Multiplica las pulsaciones por 10 y obtendrás una cifra dentro de la escala de tu ICO.

Si la cifra es baja, es señal de que no has hecho bastante ejercicio y puedes poner un poco más de energía en tus movimientos. Si está por encima de tu ICO máximo, aminora el ritmo porque te estás esforzando en exceso y podrías acusarlo más tarde. No intentes ir más allá de tus limitaciones, ve poco a poco, siempre procurando mantener tus pulsaciones en los o a las crisis emocionales sin alterar la presión sanguínea.

Pero los músculos también necesitan recuperar su estado primitivo de relajación. Para esto, es muy útil un programa de distensión. La distensión devuelve al músculo su dimensión original después de haber estado contraído, permitiéndole mayor superficie para expeler y recuperar los productos gastados. Al mejorar su elasticidad, mejoramos la tonicidad muscular. Y este libro intenta demostrar que la eficacia en cualquier faceta de la vida puede conseguirse sin estrés y sin agotamientos.

CÓMO ENCONTRAR EL EJERCICIO ADECUADO

La clave para sacar provecho de un ejercicio es dar con una actividad amena y adecuada. Muchas personas recurren a gimnasios y a clases especiales a las que tienen que asistir obligatoriamente durante varios meses para apreciar algún progreso, lo que quiere decir que un ejercicio redunda en el cuerpo si se practica con regularidad. Sin embargo, sí podemos asegurar que ese ejercicio tiene un componente aeróbico.

Entendemos por ejercicio aeróbico aquel que ejercita la mayor parte del cuerpo durante un mayor período de tiempo, y que, acelerando la respiración, requiriendo más oxigenación y aumentando las pulsaciones hace que el cuerpo metabolice grasas para obtener energía. El ejercicio aeróbico reduce la tendencia psicológica al estrés

pues la adrenalina, los niveles de azúcar, las pulsaciones y la presión sanguínea no aumentan demasiado. Y también se recobra rápidamente de esas reacciones.

①

②

Este pequeño programa, seguido regularmente, cambiará el cuerpo no sólo física, sino también mentalmente. Una mente superactiva con unos músculos flácidos por el escaso uso puede provocarnos trastornos del sueño. Una breve rutina de ejercicios antes de acostarnos, sosiega la mente y fatiga lo suficiente los músculos como para facilitarnos un buen descanso. ¡No olvides, hay que hacerlos con regularidad!

Ejercicios en casa

Si no estás siguiendo ya una rutina de ejercicios propia, puedes probar la siguiente:

1 Empieza con un calentamiento para que la sangre circule y el corazón se prepare para actuar. Unos minutos de marcha sin moverte del sitio. Mueve brazos y piernas adelante y atrás, al estilo jogging. Flexiona las rodillas y mueve los brazos a lo largo. Sube y baja la cabeza y muévela a derecha e izquierda. Mueve los brazos de lado a lado y sigue con una marcha rápida y firme.

2 Ya puedes empezar con el aeróbic. Salta, baila, cualquier cosa que acelere tu respiración, pero no con tanta fuerza que te impida continuar durante 15 minutos. Si no puedes mantener la actividad durante ese período de tiempo es que te estás castigando demasiado. Modera el ritmo hasta que hayas recuperado tu nivel físico. Chequea tu índice cardiaco óptimo para comprobar que estás dentro de tus niveles máximo y mínimo (ver ecuación de la página 42).

3 Separa los pies y ponte de puntillas para realizar algunas flexiones. Primero dobla la pierna derecha con las manos e inclínala hacia un lado, luego hacia el otro lado. Alterna ambas piernas, despacio al principio, y luego cada vez más rápido para acelerar tu respiración.

③

4 Dobla ahora las dos rodillas, ponte en cuclillas y presiona ambas piernas. Repítelo varias veces hasta que notes que tus piernas empiezan a cansarse.

5 Finalmente, de pie, salta sin moverte del sitio tanto rato como puedas aguantar sin jadear.

6 Ahora, probemos con unos ejercicios de suelo. Siéntate en el suelo y estira las piernas. Mientras recuperas tu respiración habitual, dirige tu torso y tus brazos hacia las piernas. Permanece en esa posición hasta que sientas tirante la parte posterior de las piernas.

⑤

BENEFICIOS DEL EJERCICIO

● Muchas personas creen que la práctica regular de ejercicio puede prolongar sus opciones de vida. Aunque esto no está probado más allá de toda duda, es evidente que con el ejercicio se gana en calidad de vida, pues mejora por igual el cuerpo y la mente.

● Físicamente, el ejercicio facilita la circulación de la sangre, previene las enfermedades cardiacas y la fragilidad ósea (osteoporosis). También aumenta la tonicidad muscular y mantiene el cuerpo fuerte y flexible, y evita el exceso de grasa.

● Como el ejercicio te permite concentrarte sólo en ti mismo, eleva tu energía y tu autoestima y, por regla general, disminuye la ansiedad y la depresión.

7 Encoge el estómago. Tumbado en el suelo, con las rodillas flexionadas y las palmas de los pies apoyadas, haz algunas flexiones, levantando el tronco y la cabeza. Repítelo tantas veces como puedas aguantar (hasta un máximo de cincuenta). Cruza las manos por detrás de la cabeza para soportar su peso.

8 Estira la espalda. Boca abajo, coloca tus manos por detrás y arquea el cuerpo, despegando la cabeza y el tronco del suelo. Repítelo dos o tres veces más.

9 Para terminar, siéntate en una posición cómoda y apoya las manos en los costados. Inspira. Manténte así unos segundos y descansa. Hazlo dos o tres veces más hasta conseguir una inamovilidad que te proporcione tranquilidad para todo el día.

MOTIVACIONES

● Se necesitan veintiún días para convertir en hábito estos ejercicios, por lo tanto, antes de empezar, prométete a ti mismo no dejar de hacerlos ni un solo día.

● Piensa que, con sólo cinco minutos de ejercicio, ya vas a sentirte mejor; por eso, resiste la tentación de abandonar si un día estás muy cansado.

● A no ser que te encuentres realmente enfermo y aunque creas que no vas a poder terminarla, una suave sesión de ejercicios te proporcionará la energía de la que carecías al empezarla.

● Si perseveras en las sesiones, tus músculos se irán robusteciendo y tú te sentirás más fuerte y capaz de sacar adelante las tareas cotidianas sin cansarte.

● No te excuses con un "No tengo tiempo". Si ejercitas tu corazón, podrás correr para alcanzar el autobús sin sentirte agotado toda la mañana y al mejorar la circulación de la sangre por tu cuerpo, realizarás tus tareas diarias con mayor rapidez, obteniendo como premio más tiempo libre.

● No te marques metas imposibles. Si te crees capaz de aguantar media hora de ejercicios, márcate un mínimo de quince minutos. Si un día puedes

prolongar la sesión, estupendo. Que otro día no te encuentras tan bien, limítate a esos quince minutos. Que ni siquiera dispones de ese cuarto de hora, emplea cinco minutos, pero no dejes de hacerlos. Si lo habitúas a estas sesiones de ejercicios, tu cuerpo puede acusarlo si un día los abandonas.

9

Relajación corporal

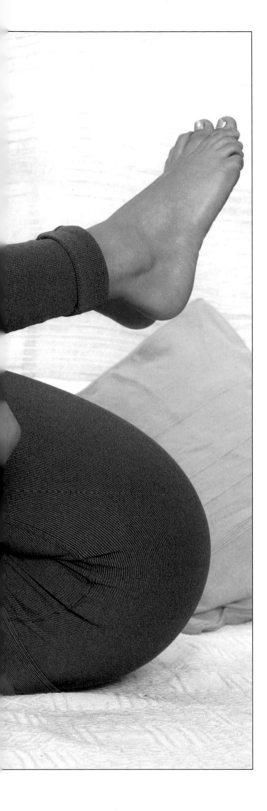

capítulo tercero

TAMBIÉN estresamos nuestro cuerpo cuando pensamos en cosas que nos gustaría hacer o tener. En cuanto alguien nos lo sugiere, automáticamente pensamos en hacer aquello que nos gusta, que puede consistir en abandonar por un tiempo la rutina laboral, hacer un poco de ejercicio y a continuación tomar una sauna relajante, ir a la peluquería o empezar esa novela que tenemos ganas de leer desde hace años. Esos momentos de deseo son reflejos sintomáticos de que nuestro cuerpo necesita variar su rutina. El sistema de nervios simpáticos funciona durante la actividad mental y física, en tanto el sistema de nervios parasimpáticos (SNP) precisa de un período de paz y de descanso para reponerse. Esta reposición puede ser mental o física, pero el sistema de nervios parasimpáticos sólo funciona en períodos de relajación, lo que realmente sólo significa un cambio en lo ha estado haciendo hasta entonces.

Un cambio es tan beneficioso como un descanso

Si llevamos una vida en la que abundan los largos períodos de inactividad o escasos estímulos mentales, entonces la relajación puede presentar aspectos distintos. Sin embargo, en esta época de constante bombardeo mediático, llamamos relajación a pasarnos una temporada alejados del mundo moderno. El cuerpo y la mente necesitan contrastes, en otras palabras: equilibrio. Si nosotros queremos o no mantener ese equilibrio, es otra cosa. Casi todos trabajamos en exceso, comemos en exceso, nos esforzamos en exceso, sin darnos el tiempo necesario para equilibrar nuestro modo de vida. De ese modo, nuestra vida se desequilibra y surge el estrés.

Cuerpo y mente reflejan en el otro, recíprocamente, sus respectivos estados de salud. Los trastornos emocionales pueden manifestarse en forma de rigideces y tensiones en los tejidos más débiles, por ejemplo, los músculos, mientras que las actitudes psicológicas pueden arrastrarnos a un estado defensivo o abatido. El estrés emocional y mental se manifiesta claramente en términos físicos, no sólo en la tonicidad o estado muscular, sino también en una posible restricción de la circulación sanguínea y en un desajuste hormonal. A consecuencia del empobrecimiento del drenaje de los ganglios linfáticos, suelen aumentar los niveles de calcio y ácido láctico, provocando dolores, debilidad, calambres, cansancio, e incluso hiperventilación. El dolor de cabeza o las nauseas que sentimos al llegar al trabajo, quizás se deba más a un estado mental que a un motivo físico. Sin embargo, en lugar de sentarnos para una psicoterapia, atajamos por el cami-

no más fácil y nos tomamos un analgésico para atenuar los síntomas, y seguimos funcionando un día más. Cada individuo es el único responsable de analizar sus síntomas corporales y de procurarse equilibrio en su vida. No hemos acabado de entender que nuestros cuerpos y nuestras mentes van íntimamente unidos a nuestra autoestima. Preocuparnos por nosotros mismos es señal de que nos cuidamos. El abandono de nuestro cuerpo significa, a menudo, el abandono de nuestra mente, y viceversa.

Cuídate mentalmente y trata de pensar en positivo. Llévalo a un nivel físico cuidando tu cuerpo y atendiendo siempre sus reacciones.

Condición

Una pobre condición física emite un impulso al sistema nervioso para estimular la actividad nerviosa, lo que impide la relajación mental. De igual modo, una estimulación exagerada unida a un desequilibrio puede hacer aparecer síntomas de estrés como el agotamiento o la depresión, que nos llevan a una baja autoestima y, finalmente, a un paupérrimo estado físico. Este círculo vicioso sólo se rompe cuando decidimos cambiar de actitud.

Empecemos por situarnos en pie delante de un espejo y estudiar lo que él tiene que decirnos sobre nuestro estado mental y sus necesidades. Existe una asociación comúnmente aceptada entre nuestro estado corporal y nuestros sentimientos mentales. Las siguientes sugerencias, aunque no todas se adapten a ti, tal vez te hagan tomar conciencia de tu estado real.

Observando nuestra condición

1 Mírate en un espejo de cuerpo entero. No trates de adoptar una postura determinada. Limítate a colocarte frente a él y a examinar tu imagen reflejada.

2 Observa tu cabeza y tu cuello. ¿Te parece éste cansado o rígido? ¿Está la cabeza confortablemente emplazada sobre el cuello y los hombros, o está adelantada o rígida?

● Cualquier postura anormal puede ser una señal de tensión, sea ésta mental o física.

3 Mira tu cara. ¿Muestra señales de agobio? ¿Parece más joven o más vieja que el resto de tu cuerpo? ¿Es tu mandíbula firme, o tu boca y tus labios están demasiado fruncidos, demasiado tensos?

● Unas líneas del rostro muy definidas pueden poner de manifiesto unas tensiones habituales que han dejado huella en tu cuerpo. Algunos fisioterapeutas creen que si descuidamos algunas zonas corporales, éstas pueden quedar subdesarrolladas o inmaduras. ¿Distingues algo anormal y sabes lo que puede haber provocado esa anomalía?

Permaneciendo erguido y relajado causarás mejor impresión en los demás que si estás encogido. Aparentarás una mayor seguridad en ti mismo e inspirarás más confianza; además, tu cuerpo se sentirá más equilibrado y más cómodo. Para corregir tus posturas, consulta los ejercicios de la página 54.

4 Ahora, concéntrate en los hombros. ¿Tienes uno más alto que el otro? ¿Cómo están, erguidos caídos?

● Unos hombros caídos, encorvados o encogidos pueden indicar una baja autoestima o un exceso de preocupaciones que pueden provocar rigideces en los omóplatos y el cuello.

5 Observa tus brazos: ¿cuelgan rígidos por tus costados? ¿Están los codos relajados?

● Los brazos rígidos indican tensión. ¿O acaso timidez?

6 Mira ahora el área del plexo solar. ¿Está la zona estomacal débil o flácida?

● ¿Es una zona descuidada? ¿Has olvidado esta zona central? ¿Ignoras los sentimientos de tu "tripa"?

7 Ahora, contempla tu torso. ¿Te parece caído o ligeramente hundido?

● Puede ser señal de una pobre autoestima o de falta de uso físico.

8 Y ahora, tus piernas. ¿Son débiles y nada atléticas? ¿Están flojas?

● Podemos considerar nuestras piernas como el ancla que nos une al mundo real. Representan los cimientos. ¿Las utilizas lo bastante en movimientos recios y vitales?

CÓMO CORREGIR TUS POSTURAS

1 Comprueba que tu cuerpo está bien alineado y tu postura es cómoda. La mayoría de la gente tiende a mantener tensos los hombros y las rodillas rígidas, de manera que todos sus esfuerzos repercuten en la columna.

2 Empieza por ponerte de pie con el tronco bien pegado a la pared. Mantén los talones lo bastante separados como para que puedas pegar la espalda y los hombros a la pared lo más posible. A continuación, pega a la pared la zona lumbar para que los músculos abdominales hagan fuerza y soporten la columna.

3 Piensa en aliviar la tensión de tus hombros. Inclina hacia abajo la cabeza lo bastante para estirar el cuello e imagina que una cuerda tira de tu cabeza hacia el techo mientras tus pies permanecen firmes en el suelo. Tu columna sentirá como si la estuviesen estirando.

4 Relaja el mentón.

5 Dobla levemente las rodillas y ensancha las caderas. Todos los miembros tienen que estar relajados, no rígidos. Retírate un paso de la pared y después da unos pasos más. Relájate levemente, pero procurando mantenerte erguido mientras caminas.

Puede costarte algún tiempo transformar esta postura exagerada en una más cómoda y natural; pero hay que intentarlo. Trata de vigilar tus posturas en todo momento, muy en especial cuando estés cansado. Al estar en pie, procura distribuir tu peso equitativamente entre ambas extremidades. Evita descargarlo sólo sobre un pie y deja que trabajen los músculos abdominales. Mantén la columna recta, imaginándote que el cóccix (la parte inferior de la columna) se estira hacia el suelo y la cabeza hacia el techo. La zona del estómago siempre firme. Al sentarte, trata de hacerlo equilibradamente sobre los glúteos, sin cruzar las piernas, porque eso reduciría el flujo sanguíneo hacia las extremidades inferiores.

INDICADORES POSTURALES

El cuerpo es un sistema de bloques que precisa ser soportado: los hombros sobre la caja torácica que oscila o se balancea gracias a la pelvis y a las caderas y unas extremidades libres pero integradas. De esta forma el peso se distribuye sin presiones anormales sobre determinadas articulaciones o discos vulnerables. Todo el trabajo y sobre todo la tonicidad la aportan los músculos. El estómago y la espalda brindan espacio y soporte adecuado a los órganos internos.

Una vez hayas examinado tu cuerpo de esta forma, párate a reflexionar sobre lo que has visto y obra en consecuencia. Has podido comprobar que las emociones pueden reflejarse en el cuerpo, y que el cuerpo, a su vez, puede provocar emociones.

Ahora, examina de nuevo tu cuerpo, pero esta vez corrigiendo la postura de manera que el cuerpo esté todo lo relajado y equilibrado que sea posible. Las actitudes y las emociones repercuten en los patrones musculares y posturales que, a su vez, pueden provocarnos tensiones y dolores innecesarios.

Una de las enfermedades más comunes y que causan más absentismo laboral es el dolor de espalda. Dolor que puede estar provocado o intensificado por una mala postura, en especial en personas de vida y ocupaciones sedentarias. Si se estás todo el día sentado ante una mesa, pendiente del monitor de un ordenador, debes cuidar mucho tus posturas, sobre todo la forma de sentarte. Asegúrate de que tu silla es idónea para sostener tu columna y de sentarte correctamente.

Tonicidad

CUIDADOS DE LA ESPALDA

La columna es una de las áreas del cuerpo más vulnerable. Como ya ha quedado dicho, la columna es, a menudo, mal utilizada. La doblamos en ángulos erróneos, la hacemos cargar con gran parte del peso o, después de mantenerla rígida durante mucho tiempo, exigimos que se mueva con dinamismo. Los seres humanos tenemos problemas con ella porque somos bípedos, y nuestra columna sufre más que la de los animales que se desplazan a cuatro patas. El hecho de que nuestros cuerpos permanezcan erguidos la mayor parte del tiempo revela que los músculos encargados de sostener la columna son extraordinariamente fuertes. Sin embargo, es una idea excelente mantener esos músculos en forma, sobre todo en aquellos períodos en que la columna se ve sometida a una presión infrecuente. Cosa que sucede en épocas de estrés, o cuando nos vemos forzados a permanecer inmóviles o en posiciones anormales. También durante el embarazo y después del parto, cuando los músculos y ligamentos de la pelvis y la espalda están más dilatados. Ejecuta estos suaves ejercicios dos o tres veces por semana para mantener la espalda fuerte y sana.

Tonicidad dorsal 1

1 Túmbate en el suelo boca abajo, con las piernas estiradas y los pies juntos. Los brazos adosados a ambos lados del cuerpo y las manos entrelazadas en la parte baja de la espalda.
2 Separa la cabeza y los hombros del suelo. Procura mantener la cabeza en línea con los hombros en lugar de echarla demasiado hacia atrás, pero trata

de levantarla todo lo que puedas, hasta que veas, por ejemplo, la parte media de la pared.

3 Baja la parte superior del tronco y repítelo quince veces.

● Mantén el abdomen y los glúteos firmes mientras ejecutas estos suaves movimientos arriba y abajo. Este simple ejercicio tonifica los músculos de ambos lados de la columna vertebral.

Tonicidad dorsal 2

1 Comienza este ejercicio a cuatro patas, distribuyendo tu peso entre las manos y las rodillas. Estira la pierna izquierda hacia atrás al mismo tiempo que extiendes el brazo derecho hacia delante. Manténlos en paralelo al suelo, y extiende ambos miembros todo lo que puedas para estirar la columna. Mantén el equilibrio con el estómago contraído y los glúteos firmes, sobre todo los que soportan la pierna estirada.

2 Regresa a la posición inicial y repite el ejercicio con el brazo y la pierna contrarias. Hazlo 15 veces más, alternando ambos lados. Este ejercicio estira los músculos de la espalda y glúteos.

TONICIDAD ABDOMINAL

En este libro se hacen continuas referencias a "contraer" el estómago, a "estirarlo" o a "mantenerlo firme" o "fuerte". Estas indicaciones abarcan toda la zona abdominal, una de las más importantes de nuestro cuerpo. Al estar en el centro, está considerado una parte esencial del cuerpo emocional y puede ser sumamente fuerte. Los músculos abdominales son importantes, no sólo como protectores de los órganos internos como el estómago, los intestinos y los órganos reproductores, sino porque ayudan a preservar la zona lumbar manteniendo la pelvis, que facilita los movimientos controlados del tronco, en su punto.

Si se utilizan palabras como "estirar" es para que seas consciente de tus músculos y los dispongas para la acción. ¡Pero antes tendrás que fortalecerlos! A continuación tienes unos ejercicios para conseguirlo.

● **Estos dos ejercicios combinados te ofrecerán un corsé muscular que estabilizará tu espalda y dotará de agilidad y fuerza al torso.**

Tonicidad abdominal 1

1 Túmbate de espaldas, con las rodillas dobladas y las plantas de los pies en el suelo. Extiende ambos brazos por encima de tu cabeza e inclina la pelvis de forma que la parte baja de la espalda se aplane contra el suelo.
2 Con los brazos extendidos a la altura de las orejas, ves levantando poco a poco la cabeza y los hombros del suelo. Mantén el movimiento suave y firme todo lo arriba que puedas, luego, baja. Puedes descansar los brazos cuando estén casi en vertical, pero no más arriba. Haz ocho flexiones y descansa antes de hacer ocho más. Repítelo al menos cuatro veces a la semana.

Tonicidad abdominal 2

Túmbate de espaldas. Las rodillas dobladas pero descansando a un lado. Ambas manos deben estar sobre un muslo. Separa la cabeza y los hombros del suelo y ve girando hacia el muslo que está encima. Rota el cuerpo al levantarte y baja la cabeza y las manos lo más cerca posible del muslo. Descansa y repite este ejercicio 10 veces por cada lado. Esta posición inicial torcida obliga a ejercitar los músculos oblicuos abdominales, a los lados del torso.

Achaques y dolores

Al revisar nuestras posturas corporales, podemos encontrarnos áreas tensionadas. Hay muchas maneras, casi todas ellas descritas en este libro, de disipar la tensión, pero debido a los prolongados malos hábitos, muchas de estas zonas están algo más que tensas. En realidad suelen estar rígidas o doloridas. La parte inferior de la espalda es la zona principal de achaques y dolores junto con los hombros y las caderas. ¡Haz estos ejercicios para solucionar esos problemas!

SOLUCIONANDO PROBLEMAS

Zona lumbar. Ejercicio 1

1 Túmbate de espaldas, las rodillas dobladas, los pies en el suelo, los brazos extendidos a ambos lados del cuerpo. Ahora, suavemente, ves ladeando las rodillas hasta llegar al suelo.

2 Vuelve la cabeza hacia el lado contrario. Si notas rigidez en esa zona, hazlo suavemente en prevención de posibles tirones. Si esta postura te resulta incómoda, manténla sólo unos segundos. Ahora, suavemente, ve volviendo las rodillas hacia el lado contrario y haz lo mismo con la cabeza. Descansa.

3 Cuando tengas dominada esta postura, extiende una pierna. Ya sólo tienes una pierna doblada; con la mano contraria, presiónala hacia el pecho y ve rotando hacia un lado. De esta manera puedes ir un poco más allá en el control del problema. Repítelo hacia el otro lado.

● Procura hacer este ejercicio todas las noches, en especial si tu espalda te ha estado molestando durante el día.

Zona lumbar. Ejercicio 2

Otro aspecto importante para el cuidado de la columna vertebral, es mantener su flexibilidad natural. La columna puede articularse hacia atrás, hacia adelante y lateralmente en diversos grados. Cuando nos hacemos adultos, olvidamos que somos flexibles en ambas direcciones, por eso, cuando echamos nuestro peso hacia atrás de repente para mirar hacia arriba, tenemos sorpresas poco agradables. Acuéstate boca abajo, apoyando los codos. Lentamente, estira los brazos y eleva la cabeza. Ayúdala con los brazos hasta que notes que la columna se flexibiliza. Repítelo 3 veces, forzando un poco más cada vez.

Zona lumbar. Ejercicio 3

Ahora túmbate con las piernas rectas y arquea el cuerpo separándolo del suelo. Utiliza tus músculos laterales al mismo tiempo que los brazos para sostenerte.

HOMBROS

Hombros. Ejercicio 1

1 Siéntate en una posición cómoda y recta, con la espalda bien apoyada. Mantén la espalda ergui-

da, la pelvis protegida y el estómago firme, adelanta la cabeza. Permanece en esta posición mientras empujas la cabeza para deshacer la tensión del cuello y de los hombros.

2 Para prolongar el estiramiento, enlaza ambas manos y apóyalas en la parte superior de la cabeza para añadir un peso extra, apretando hacia abajo. Mientras no sientas dolor, empuja con fuerza la cabeza hacia delante hasta que la rigidez empiece a desaparecer. Por último, quita las manos y levanta despacio la cabeza.

Hombros. Ejercicio 2

1 Muy despacio, ves inclinando la cabeza hacia un lado. Procura que la oreja llegue a tocar el hombro (bajando la cabeza, no elevando el hombro).

2 Permanece así un momento y luego levanta el brazo del mismo lado hacia el que hayas inclinado la cabeza, y lleva esa mano a tu cabeza. Sentirás el

empuje de un peso extra mientras tu brazo estira los laterales del cuello. Repite por el otro lado para que los músculos de la espalda y de los lados del cuello se estiren. Si lo haces regularmente, te ayudará a mantener esta zona más flexible y libre de rigideces y tensiones. También a prevenir presiones nerviosas o calambres en el cuello.

CADERAS

Ejercicio de caderas

1 Siéntate con las palmas de los pies tocándose y los talones a unos 30 cms. de la pelvis.

2 Agárrate los tobillos sin arquear la espalda e impulsa el pecho y la cabeza hacia el suelo. Siente el impulso alrededor de la articulación de la cadera y flexiona hacia delante todo lo que puedes sin forzar. Recupera la posición inicial. Si repetimos este ejercicio regularmente, veremos que, poco a poco, nos vamos notando más flexibles y a ser capaces de acercar más

el pie a la pelvis y de avanzar más el torso. Las articulaciones de la cadera estarán algo más sueltas.

OTROS EJERCICIOS DE TONICIDAD

También puedes probar otros ejercicios de tonicidad, como las rotaciones de cabeza, aunque estos no son recomendables en todos los casos. Si tienes la menor duda, consulta con tu médico. Las rotaciones descritas más abajo mantienen estas zonas ágiles y menos propensas a tensiones.

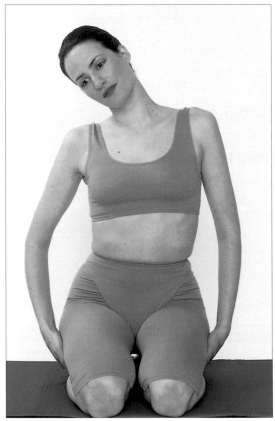

Rotaciones de cabeza

Inclina la cabeza hasta apoyarla en el pecho, y ve girándola en círculo hacia el lado derecho. Mira por enci-

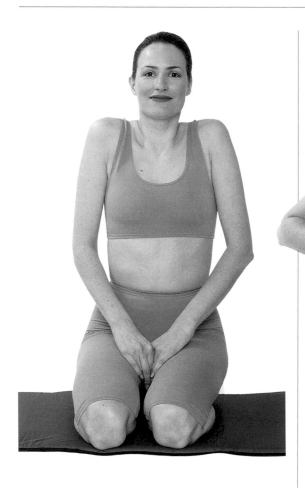

ma del hombro y, a continuación, levanta la cabeza hacia el techo y sigue describiendo un círculo hacia el hombro contrario para terminar mirando al frente.

Rotaciones de hombros

Levanta los hombros hasta la altura de los lóbulos de tus orejas y muévelos hacia atrás y hacia abajo, luego hacia delante y hacia arriba hasta completar un ágil movimiento circular.

Rotaciones de cadera

Gira la pelvis en círculo manteniendo firme la caja torácica. Hazlo primero en un sentido y luego en el otro.

Estiramientos

Es una de las mejores formas de relajar los múscu-los porque éstos vuelven a su estado natural después de haberse contraído y encogido. Los músculos alar-gados son más flexibles y, si los estiramos con regu-laridad, menos propensos a calambres provocados por el estrés o a distensiones causadas por un brus-co movimiento. ¡Haz estos estiramientos para diver-sas zonas y tu cuerpo estará listo para todo!

SERIE DE ESTIRAMIENTOS GENERALES

1 Cuello

Ver Hombros. Ejercicio 1 (página 59).

2 Hombros

Lleva las manos a tu cabeza y entrelázalas en la nuca. Los codos, hacia atrás tanto como puedas sin sepa-rar las manos de la nuca. Repítelo 5 veces. Ahora, con las manos en las caderas, mueve los codos hacia atrás todo lo posible. Repítelo 5 veces.

● Ambos ejercicios mantendrán las articulaciones de los hombros flexibles al mismo tiempo que ensanchan el pecho.

3 Estiramientos laterales

De pie, con una mano en la cadera y la otra apuntando al techo, flexionamos lentamente hacia un lado, asegurándonos que la flexión empieza en la cadera y la columna se dobla lateralmente. La mano en la cadera es un apoyo para que el lado contracto no se arrugue sino que permanezca estirado y apoyado.

Estira bien el brazo hacia arriba y mantén el lado inclinado bien firme, sin arrugas. Repítelo con el lado contrario.

● Según vayamos adquiriendo más práctica en la ejecución de este ejercicio, podremos estirar más ambos brazos y flexionarnos más lateralmente. Los estiramientos serán mayores y también la tonicidad de los lados del torso una vez recuperada la posición inicial.

4 Estiramientos de cuadriceps

Puesto que muchos de nuestros movimientos habituales son hacia delante y hacia atrás en un mismo plano, unos de los músculos más utilizados del cuerpo son los cuadriceps. Son cuatro músculos ubicados en la parte delantera de los muslos y son los que nos permiten estirar y extender las piernas. El estiramiento regular de estos músculos mantendrá nuestras piernas a salvo de calambres y de roturas fibrilares.

Apóyate en una pared para balancear y doblar una rodilla. Agarrándote el talón, tira suavemente hacia atrás. Mien-

tras haces esto mueve las caderas hacia delante y levanta el estómago. Sentirás un estiramiento en la parte frontal del muslo. Detente si notas la menor molestia en la rodilla. Repítelo con la otra pierna.

5 Arco dorsal

Ver Resolviendo Problemas. Zona lumbar 2 (página 58).

6 Parte interna de los muslos

Siéntate en el suelo, con las piernas extendidas a ambos lados y separadas lo más posible. Extiende los brazos y pon las manos en el suelo, entre las piernas. Adelanta las manos todo lo posible.

Cuando no puedas llegar más lejos, mantén la cabeza adelantada e inclina todo el cuerpo hacia el suelo. El peso de la cabeza arrastrará al torso hacia el suelo y eso estirará la parte interna de los muslos y, posiblemente, también el dorso de las piernas. Permanece en esa postura 20 segundos y luego, valiéndote de las manos y los brazos, impúlsate hacia atrás hasta para recuperar la posición inicial. Este ejercicio debe hacerse lo más regularmente posible, más o menos 3 o 4 veces por día.

Si puedes realizar estos ejercicios 3-4 veces por semana, notarás un notable incremento de tu flexibilidad en la mayoría de los movimientos y una mayor facilidad para realizar tus tareas.

7 Estiramiento del tendón de Aquiles

Finalmente, también sentado pero con las piernas juntas, flexiona hacia delante hasta agarrarte los talones. Dobla las rodillas para conseguirlo. Flexiona los pies, atrayéndolos hacia ti. Esto estirará el tendón de Aquiles, ubicado en la parte de atrás del tobillo. Después, baja el pecho lo más posible hasta apoyarlo en las rodillas. Exhala. Lentamente, suelta los talones.

La respiración

Es otro de los factores principales que repercuten en las posturas y en el cuerpo en su conjunto. Lo más importante de la respiración es que se trata de algo físico. En efecto, es la función corporal más física y básica y además una importante herramienta de la mente. No sólo es primordial para mantener al cuerpo vivo y activo, sino también el camino más directo hacia los pensamientos internos y, a través de ellos, al descanso mental.

Respiramos tanto en estado de consciencia como de inconsciencia, voluntaria o involuntariamente. La respiración está sometida a continuos cambios y no responde únicamente a las demandas del cuerpo sino también a los diversos estados de ánimo. Para los orientales es más bien una función biológica.

Al inhalar, contraemos y bajamos el diafragma de manera que quede espacio en la caja torácica para la expansión de los pulmones repletos de aire. El diafragma es un músculo en forma de domo que separa el abdomen de la cavidad torácica. Cuando el diafragma se relaja, se produce la exhalación o expulsión del aire ya utilizado por los pulmones, con la ayuda de los músculos.

Todo esto está muy bien, pero esas respiraciones son también el acceso más corto a las energías y emociones que existen en muchos niveles de la mente consciente e inconsciente. Como la respiración es básica para el funcionamiento del cuerpo, es a la vez una expresión y un reflejo del ente. Son muchos los que piensan que el respirar nos permite desarrollarnos y vivir tanto espiritual como

físicamente. Y puesto que es un canal por el que discurre todo tipo de energías, también en la respiración existe un alto potencial curativo.

REMEDIOS

La respiración, al arrastrar azúcares, alimenta el cerebro, nuestro centro de control. Se altera cuando refleja emociones, sentimientos, enfermedades físicas y estrés físico. Por consiguiente, la respiración es como un controlador de nuestro estado y de nuestras reacciones y nos facilita los datos necesarios para modificar nuestra conducta.

Nuestra respiración se ve afectada por los cambios de temperatura. No respiramos igual cuando tenemos calor que cuando tenemos frío. La respiración se ve también afectada por la tensión. Generalmente es más profunda cuando estamos relajados, involucrando a toda la caja torácica. Es más superficial cuando nos despertamos, porque utilizamos sólo la parte superior del pecho. Si existe una gran tensión o angustia, puede originarse una hiperventilación. La ansiedad motiva que el cuerpo se prepare para la acción, y numerosos estudios han demostrado que esto puede conducirnos a una sobre-inhalación y, en algunos casos, al desmayo. Las personas sometidas a tortura desarrollan la hiperventilación como una defensa protectora porque amortigua la transmisión del dolor al cerebro y puede facilitar la inconsciencia.

Aprender a registrar y a observar nuestra respiración puede ayudarnos físicamente. Una restricción de los músculos del diafragma puede originarnos trastornos, malas posturas y estrés emocional. Aminorar una respiración alterada puede ayudar a la mejora de nuestro estado mental.

APRENDIENDO SU POTENCIAL

Tenemos mucho que aprender de la respiración. La respiración consciente puede llevarnos a un viaje interior. Puede ampliar nuestros conocimientos sobre lo que hay aprovechable en nuestros cuerpos. En el mundo occidental moderno, se ignora con demasiada frecuencia el poder de la mente. Nos limitamos a ver sólo aquello que es tangible físicamente e ignoramos todo aquello que no puede ser explicado en términos científicos; aunque todos poseemos la habilidad para

mirar en nuestro interior. Todos debemos saber que el camino más inmediato es una mirada interna a nuestras propia experiencias. Como una guía espiritual puede conducirnos a experiencias trascendentales, a captar nuevas energías. Ejecuta los sencillos ejercicios expuestos a continuación.

Respiración. Ejercicio 1

1 Siéntate en la posición en la que estés más cómodo, no importa si cruzas las piernas, pero siempre con la espalda y el cuello erguidos. Ahora toma conciencia de tu respiración, sin intentar regularla. Nótala.

2 Nota aquellas partes de tu cuerpo que parecen llenarse con la respiración y en cuáles es menos evidente. Nota si la respiración parece atascarse o rebosar y dónde.

3 Registra si tu ritmo respiratorio responde a tu pensamiento. ¡Pero no intentes modificarla!

El ser consciente de nuestra forma de respirar puede ser un indicio de nuestro estado social, emocional, e incluso espiritual. Nos daremos cuenta de que la línea lógica causa-efecto no es la única. Prueba con otro ejercicio muy simple.

Respiración. Ejercicio 2

Siéntate con los ojos cerrados y consciente de tu respiración. Percibe cuándo inhalas y cuándo exhalas. No cambies nada; pero crea una imagen. Una imagen coloreada en la que tu inspiración y tu expiración tienen colores distintos. Imagina que inhalas rojo y exhalas violeta. Inspira azul, expira rosa. Toma nota de cualquier sentimiento que despierte en ti esta respiración en colores. Nada más.

● No importan los colores que elijas; se trata tan sólo de un primer paso para relacionar la respiración con el pensamiento consciente y las emociones.

La respiración y el yoga

Hay multitud de ejercicios respiratorios que pueden ejecutarse de muchas formas. Algunos son meras ilustraciones del potencial respiratorio, mientras que otros son básicos en la meditación o en las prácticas meditativas, como el yoga. Uno de los ejercicios básicos de respiración en el yoga es el Pranayama. Los elementos activos incluidos en el Pranayama son: inhalación, exhalación, retención de la respiración, *bhandas* (las diversas formas de ejercitar los músculos que controlan la respiración), posiciones de las manos (para regular la respiración por la nariz), y cuatro posturas básicas para sentarse. Se incluye también el conocimiento de los *nadis* y *los chakras*, que son los canales de energía que recorren el cuerpo y desembocan en la columna. Por tanto, en el yoga, respirar es controlar la respiración. Prueba a respirar por la nariz como preparación para el control de la respiración.

Nadi Sodhan: respiración alternativa

1 Siéntate en una posición confortable con los ojos cerrados. Procura mantener la columna cómoda y erguida. Con los otros cuatro dedos de la mano derecha plegados, utiliza el pulgar para taparte el orificio diestro de la nariz. Respira lentamente por el izquierdo. La respiración debe ser profunda y llegar al pecho, la cabeza y la espalda; pero sin fatiga.

2 Ahora cambia. Tapa el agujero izquierdo con el dedo corazón de la misma mano, y exhala por el agujero derecho. Invierte los términos: inhala por el derecho y exhala por el izquierdo.

● Inspira siempre por el mismo lado por el que has exhalado y cambia al principio de cada inhalación. Si lo encuentras dificultoso, concéntrate en la exhalación. Es la parte en la que sueltas y liberas el aire. Respirando así, pueden ocurrir muchas cosas; si te mareas o tu respiración se entrecorta o incluso se detiene, abandona el ejercicio e inténtalo más tarde. Sin embargo, también puedes encontrarte más relajado y centrado al involucrar a ambos hemisferios cerebrales y entrar en una armonía natural.

Respiración dirigida

Una vez hayas intentado este tipo de respiración más controlado, puedes intentar la respiración dirigida, relacionada directamente con la zona dorsal del cuerpo.

1 Siéntate y observa tu respiración. Percibe por donde fluye fácilmente y dónde parece encontrar obstáculos. Hazte algunas preguntas sobre esto. ¿Serán áreas especialmente tensas? ¿Son zonas de tu cuerpo que tienes abandonadas? ¿Acaso hay bolsas emocionales que bloquean el camino a la respiración?

2 Ahora prueba una de estas dos cosas: Primero, conscientemente intenta dirigir tu respiración hacia esas zonas llenas de tensión. Insiste, respira y empuja esa respiración hacia esas áreas. Siente y cree que el torrente respiratorio está diluyendo la tensión y la emoción con cada inhalación.

3 Segundo: Concéntrate al exhalar y de esta forma descarga todas esas bolsas de resistencia que impide a la respiración beneficiar a todo el cuerpo. Inspira y expira intentando rebajar las tensiones y cualquier otra preocupación, y limpiar así el cuerpo y la mente.

RESÚMEN

Nos daremos cuenta de hasta qué punto nos afecta la respiración tanto mental como físicamente cuando seamos conscientes de esto: podemos sacar provecho de nuestra respiración utilizándola para relajar nuestra mente, nuestro cuerpo y nuestro espíritu. Por eso es básica en muchos programas de meditación y es un factor importantísimo en la danza, el deporte y la psicoterapia. Después de haber practicado estos ejercicios te darás cuenta de lo íntimamente relacionados que están el cuerpo y la mente y cómo lo que hacemos con uno afecta a la otra.

Ejercicios prácticos de relajación

Utiliza ahora la mente para ordenar al cuerpo y observa cómo afecta esto a tus niveles de relajación.

Viable e inviable

Empieza por tumbarte en el suelo en una postura cómoda, con los ojos cerrados. Vamos a empezar enseñando al cuerpo a dar órdenes a sus diferentes partes; continuaremos olvidándonos de dichas órdenes y comprobando los diversos sentimientos que se despiertan para ayudarnos a relajarnos.

1 Empezaremos con los hombros. Lleva los hombros hacia tus pies. Realizado este movimiento, manténte así un instante y dite a ti mismo: relájate.

2 Una vez que estés relajado, "mira" con el ojo de tu mente el área que acabas de relajar. Percibe los cambios. Nota que también se ha liberado de su constreñimiento y cómo se abre para dejar salir cualquier tensión. Del mismo modo puedes guiar a las distintas zonas de tu cuerpo hacia la relajación muscular y física.

3 Sigue la secuencia. Antes de empezar procura que alguien te vaya leyendo las instrucciones para que no tengas que estar consultando el libro continuamente. Pasado algún tiempo, las recordarás tu solo y serás capaz de hablarte a ti mismo. En el recuadro adjunto tienes estas auto-órdenes.

Volvamos a la secuencia para ver si todas las partes del cuerpo están ya relajadas. Viaja a cada uno de esos puntos y comprobaras una gran facilidad en todo tu cuerpo.

EL "GRANJERO Y EL VIENTO"

Algunos métodos de relajación funcionan tensando y destensando los músculos de las diferentes partes del cuerpo. Aunque este sistema puede ser efectivo en lo referente al músculo y para localizar exactamente dónde hay que actuar, hay que tener en cuenta que el estiramiento sistemático de cada parte del cuerpo puede acabar acumulando tensiones, que es precisamente lo que estamos tratando de eliminar. Prueba con este método que, primero, concentra toda la tensión en el puño para luego descargarla poco a poco.

1 Empezaremos por tumbarnos con los ojos cerrados y en la postura que nos resulte más cómoda. A continuación, empezando por los hombros, visualizaremos todas las tensiones acumuladas en ellos. "Examina" la zona muscular teniendo en cuenta todas las presiones y achaques o dolores.

2 Una vez que hayas captado la "imagen" de cualquier problema o trastorno, aprieta el puño de tu lado dominante. A continuación, relaja el puño y, al hacerlo, visualiza cómo la tensión de los hombros se va soltando y se expulsa a través del puño relajado. Esta mano es la ruta por la que las tensiones de cualquier parte del cuerpo salen de él.

● Sigue esta secuencia como un zoom sobre tu cuerpo, o sólo sobre determinadas áreas, y el puño

AUTO ÓRDENES PARA UNA SECUENCIA RELAJANTE

1 Hombros. Empuja los hombros hacia los pies. Relájalos. Percibe la nueva distancia entre las orejas y la parte superior de los hombros. Nota como los músculos de los hombros van dejando de estar tensos y pueden estirarse y ensancharse según se van relajando.

2 Caja torácica. Presiona las costillas hacia delante, empujando por detrás. Afloja. Nota la columna hundiéndose en el suelo y las costillas recobran su posición natural. La caja torácica se está ensanchando y llenándose de aire. Empuja. Afloja.

3 Brazos y manos. Estira los brazos y flexiona hacia atrás las manos. Aflójalas. Nota como los brazos caen al suelo buscando apoyo. En ciertas posiciones los músculos no necesitan presionar los brazos. Déjalos en la posición que caigan. Ahora las manos: las yemas de los dedos o el dorso de las manos están completamente apoyadas. Siente lo descansadas que están tus manos, como si alguien las estuviera sujetando. Deja que esta imagen descansada suba por tus brazos hasta los hombros. Cuando llegues a los hombros, piensa en la cabeza.

4 Cabeza. Aprieta la cabeza contra el suelo. Afloja. Nota que la cabeza está bien sujeta, sin fatiga. Imagina que tu cabeza, suavemente, se va alejando de tus pies. Percibe la prolongación de tu columna.

5 Glúteos. Aprieta los costados fuertemente, empujando las caderas hacia arriba. Afloja. Nota cómo los músculos se sueltan y el peso de tu cuerpo descansa en el suelo, extendiendo los músculos y aplastando cualquier tensión.

6 Piernas. Dobla las rodillas y atrae los pies hacia ti. Afloja. Nota una posición mucho más confortable para las piernas, sin tensiones en las rodillas.

7 Pies. Flexiona los pies, con los dedos hacia las espinillas. Suelta. Nota como los músculos de la pantorrilla están destensados. Los pies y los dedos están pasivos. Nota la soltura de las piernas, glúteos, caja torácica y pecho. Respira hondo. Aprieta. Suelta.

COLUMNA RELAJADA

Estos ejercicios de relajación funcionan bajo el principio de "hay otras maneras de estar" (Técnicas de John Gray Alexandre). El cuerpo siempre encuentra la forma más sencilla de estar y de moverse. A pesar de que imponemos ciertas condiciones a nuestro cuerpo, éste se reajusta. Necesitas dos pelotas de malabares, redondas, suaves y blandas, para realizar este ejercicio.

1   Ponte una pelota debajo, entre ambos omóplatos, y permanece unos minutos sobre ella. No debes hacer ningún movimiento o ajuste consciente, limítate a dejar hace al cuerpo.

2   Continúa acostado en la misma posición y empieza a notar los puntos en que la espalda está tocando el suelo y dónde permanece levantada. Percibe la distribución del peso, qué miembros están tocando completamente el suelo y cuáles lo hacen sólo parcialmente. No deberías sentirte incómodo con la pelota presionando entre los omóplatos. En realidad, deberías sentir que las tensiones van abandonando toda esa zona. Si la presión de la pelota te resulta incómoda, colócala más al centro y date unos pocos segundos para ver si percibes la diferencia.

3   Toma la otra pelota y colócala entre los glúteos (el lado opuesto de los omóplatos). Descansa en esa posición y observa los cambios. Las dos pelotas empezarán a estirar la columna levemente, prologándola hasta ganar las posiciones superiores. Visualiza tu columna estirándose y liberando tensiones acumuladas entre los discos a la vez que se dilata.

4   Cambia las pelotas de lado y repite el proceso. Nota donde la espalda toca el suelo y donde está separada. Percibe cuando los músculos se aplanan y relajan acomodándose al bulto.

5   Por último, retira ambas pelotas y durante unos minutos observa como tu cuerpo se reajusta a la nueva posición de descanso. Visualiza la columna descansando sobre el suelo con menos tensiones. Exhala profunda y lentamente varias veces, y abre los ojos.

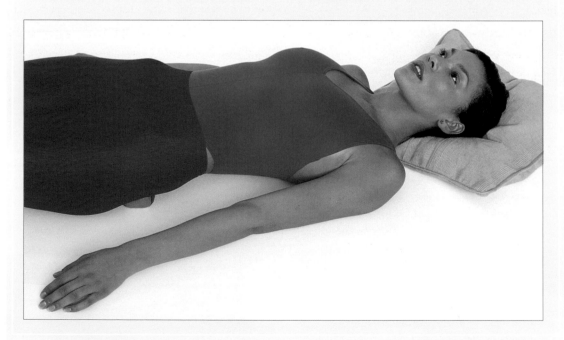

cerrado como un camino para expulsar las tensiones. Acerca sistemáticamente los hombros a los pies. Después, incorpora el cuerpo y céntrate en la cabeza y el rostro. Visualiza cualquier tensión en labios, párpados, boca o mandíbula, y utiliza el puño para relajarlos.

SUEÑO

Uno de los más importantes y efectivos relajadores es el sueño. Refresca mente y cuerpo, permitiendo aflorar el subconsciente. El cuerpo está afectado por varios ciclos: los ciclos de movimiento y actividad y, después, el ciclo del descanso y el del sueño, el más esencial. Cuando una persona está estresada o es incapaz de relajarse y su sueño es inquieto, la situación puede ser muy seria.

El sueño debe ser algo tan natural como la respiración inconsciente, aunque las presiones laborales y sociales puedan alterarlo. El sueño tiene ritmos naturales y varios estados que son importantes, pero debido a falsas pautas y a las drogas, léase somníferos, pueden verse alterados.

El primer estado es el llamado alfa, esa fase en que uno está medio dormido y medio despierto.

El siguiente estado es cuando estamos dormidos en un veinte por ciento, y es cuando tiene lugar el mantenimiento de la mente. Después de esta fase, el sueño se hace más ligero, y entonces la pituitaria segrega unas hormonas que producen el efecto restaurador y refrescante sobre el cuerpo que sentimos al despertarnos después de haber dormido bien toda la noche. Muchas personas pueden funcionar con un sueño interrumpido, por ejemplo, las madres lactantes o los trabajadores nocturnos, lo que no necesariamente les origina problemas. Sin embargo, una súbita alteración del sueño puede ser indicativa de trastornos que precisan ser corregidos.

La relajación y otras técnicas reductoras como las detalladas en este libro, ayudan a mantenerse relajado durante el día, de manera que dormir sea un placentero remate. Evita las bebidas estimulantes como té, café, coca, antes de acostarte, y asegúrate de que tomas la cantidad necesaria de vitamina B. El aminoácido triptofano, según se ha demostrado, tiene efectos beneficiosos para los insomnes como relajante e inductor al sueño, sin efectos colaterales conocidos. Alimentos ricos en triptofano son los lácteos, el pescado, la soja y las nueces.

Conocimiento de la m

capítulo cuarto

EL ARTE DE LA RELAJACIÓN consiste, sobre todo, en conseguir que el cuerpo y la mente trabajen juntos, en armonía, y en lograr que ambos trabajen para ti. Puedes colaborar con tu mente a la relajación del cuerpo concentrándote en las sensaciones físicas. Ejercicios tales como los ya descritos en el Capítulo Tercero, se valen de la mente para localizar las sensaciones y tensiones internas del cuerpo. La mente procesa esta información y efectúa los cambios que estimulan al cuerpo para liberarse de tensiones y aflojar los músculos afectados y, por último, llevando al cuerpo a un estado físico mucho más relajado. Todo desafío es una opción que requiere una respuesta, algún tipo de acción, y dependiendo de cómo reaccionemos y en qué grado sus efectos sobre nosotros como individuos son positivos o negativos. Si los retos son demasiado complejos, pueden dar lugar a un desequilibrio entre lo que nos demandan y nuestros recursos y motivarnos un sentimiento de opresión.

nte

Auto percepción

El cuerpo, a su vez, puede jugar un papel principal en la relajación de la mente. Cualquier ocupación física ayuda a concentrar la mente y a distraerla de sus preocupaciones cotidianas y mundanas. Un partido de tenis, por ejemplo, centra la mente en el desarrollo del juego, mientras un relajante baño en un jacuzzi, con su agua burbujeante y cálida, aviva las sensaciones placenteras en tu piel; las distracciones ayudan a disipar las preocupaciones.

La mente, sin embargo, es una herramienta tan dúctil y tan potente que permite utilizar una de sus partes para influir en otra. Al igual que podemos

entrenar al cuerpo a reaccionar de un modo determinado, por ejemplo dejando caer los hombros cuando sentimos un aumento de las tensiones, también podemos valernos de la mente para examinar nuestra salud mental. Si logramos aprender a pensar de un modo positivo, cambiaremos también nuestro modo de sentir. Por eso, aunque no podamos evitar el embotellamiento de tráfico en el que estamos atrapados, o la grosería y malos modos de la dependienta de una tienda, dos cosas que pueden introducir el estrés en nuestra vida, sí podemos modificar el modo de hacer frente a situaciones

¿CUÁL ES TU NIVEL DE PERCEPCION DE LAS COSAS?

Seamos conscientes de cómo percibimos las situaciones y habremos dado el primer paso para pensar más positivamente. Responde al siguiente cuestionario varias veces en los próximos meses y comprueba si, después de haberte iniciado en la relajación, tu puntuación aumenta.

Responde a las preguntas siguientes, puntuándolas en una escala de 1 à 5 (1 es la más baja y 5 la más alta) y suma la puntuación total para ver cuál es tu nivel de autopercepción.

1   ¿Hasta qué punto eres decidido/a? 1 2 3 4 5
2   Puntúa tu nivel de constancia 1 2 3 4 5
3   ¿Te sientes feliz con tu rutina cotidiana? 1 2 3 4 5
4   Puntúa tu nivel de comprensión y paciencia con los demás 1 2 3 4 5
5   ¿Estás satisfecho/a con tu imagen? 1 2 3 4 5
6   Puntúa tu nivel de entrega a un proyecto 1 2 3 4 5
7   ¿Estás conforme con tus niveles de concentración? 1 2 3 4 5
8   Evalúa tu rapidez mental 1 2 3 4 5
9   ¿Estás satisfecho/a de tu relación con tu compañero/a? 1 2 3 4 5
10 ¿Es alto tu nivel de energía? 1 2 3 4 5
11 ¿Estás conforme con la distribución de tu tiempo entre tu trabajo y tu ocio? 1 2 3 4 5
12 Mide tu nivel de relajación 1 2 3 4 5
13 ¿Hasta qué punto el mundo te parece amigable? 1 2 3 4 5
14 ¿Te encuentras atractivo/a? 1 2 3 4 5

semejantes. Del mismo modo, aunque no podamos cambiar el mundo con el pensamiento, sí podemos cambiar nuestro punto de vista sobre él.

¿PUNTUACIONES DE TU NIVEL DE PERCEPCIÓN

15-30: Al menos por el momento consideras tu vida y a ti mismo un tanto anodinos. Estás demasiado falto de energías y de ánimos. Intenta encontrar ideas y actividades que despierten tu entusiasmo y tu inspiración. Procura practicar alguna actividad que te ayude a levantar el ánimo. En este libro encontrarás varias técnicas que pueden ayudarte.

30-45: Utiliza alguno de los métodos de relajación propuestos en este libro para ayudarte y ejercítalos al final de cada jornada para que puedas introducir en tu vida más tranquilidad y tiempo de reflexión.

45-60: Pareces estar de bastante buen ánimo. Repasa las preguntas que has puntuado más bajo para localizar aquellas áreas de tu vida que pueden estar necesitando refuerzos. Los capítulos correspondientes de este libro pueden facilitarte ideas al respecto.

60-70: Por ahora estás muy satisfecho con tu vida. Si puedes mantener el mismo estado de ánimo mucho tiempo, ¡enhorabuena!. Usa este libro como ayuda para seguir manteniendo el mismo equilibrio en tu vida.

Nota: Responder a este cuestionario puede ayudarnos a conocer mejor nuestros sentimientos y la manera en que determinadas actitudes influyen en nuestra percepción de las cosas. Podemos tener hábitos que alteran nuestro modo de pensar. Por ejemplo: Todos tenemos problemas, grandes o pequeños, que necesitan un tiempo para resolverse; pero también en nuestras vidas hay cosas buenas que nos hacen felices. Si sólo vemos los problemas y continuamente damos vueltas a cómo vamos a resolverlos o estamos pensando en cuántos nos abruman, acabaremos llenos de problemas. Por el contrario, centrándonos en las cosas buenas que hay en nuestra vida, seremos mucho más dichosos. Suena muy sencillo, pero es que muchas personas olvidan que las actitudes pueden modificarse y, con ellas, los estados de ánimo.

Repasemos otra vez las respuestas al cuestionario y las puntuaciones. ¿Podemos hacer algo para aumentar la puntuación? ¿Es cuestión de dedicar más tiempo a nosotros mismos, o de modificar nuestra forma de encarar ciertos temas? Una vez hayamos ejercitado algunas de las técnicas de relajación mental y física expuestas en este libro, volveremos a este cuestionario. ¡Ya verás como tus respuestas son mucho más positivas!

Pensamientos positivos

Algunos de los problemas, no todos, que nos surgen y pueden perturbar nuestra vida, son más parte de un proceso mental que de la vida física. Tratemos de pensar en positivo y nos libraremos de situaciones desagradables. Vamos a intentarlo siguiendo los consejos siguientes:

● Si estamos disgustados, centrémonos en algún logro reciente. No importa que haya sido algo baladí. No importa que sea más insignificante que cualquiera de las cosas que nos preocupan. El centrarnos en un logro nos ayudará a mantener las cosas en su justa proporción.

Trata de pensar positivamente siempre y destierra los pensamientos negativos. Recuerda lo que hoy te ha salido bien en vez de seguir dándole vueltas a los problemas.

mos positivos y pensemos que dentro de tres meses nos estaremos preguntando cómo habíamos podido estar tan preocupados por tan poca cosa.

● Admiremos la belleza que nos rodea. Pasemos un tiempo percatándonos de las cosas agradables y hermosas que hay en nuestro mundo. Pensemos en ellas un momento antes de volver a nuestros pensamientos cotidianos.

● Olvidémonos de las situaciones dificultosas e imaginemos que no nos afectan, que somos meros espectadores. Visualicémonos leyendo una novela cuyo argumento es lo que nos está pasando en esos momentos y lo divertido y apasionante que resulta visto desde fuera.

● No nos comparemos con los demás. Tratemos de evaluar nuestra vida con arreglo a nuestros principios y estándares, no por los de los otros. La meditación es una gran ayuda para ver en nuestro interior. (Véase página 92.)

● Sonriamos al mundo aunque no tengamos ganas. La gente responde más positivamente ante las personas felices y brillantes, y ya tendremos tiempo de cambiar de humor. Si nos encontramos bajos, una simple conversación iniciada en el autobús puede elevar nuestro espíritu. Los hombres de negocios se acordarán más de nosotros si presentamos un aspecto dichoso y relajado, y nosotros mismos nos encontraremos con que nuestro cuerpo y el resto del mundo nos responden cuando tenemos una disposición animosa.

● Tratemos de aprender de las situaciones difíciles, incluso aunque estemos inmersos en ellas. Una parte muy importante del pensamiento positivo es dar un paso atrás y no asustarse. Detengámonos, centremos nuestra mente un momento, y tratemos de descubrir los aspectos positivos de eso que nos tiene frustrados. Es posible que sea la fecha tope que nos han marcado para entregar un trabajo lo que nos tiene presionados toda la jornada. O que tengamos varias cosas por hacer y nos agobie la falta de tiempo.

Cuando esta situación es real, ayuda el imaginarnos a nosotros mismos una vez terminado el trabajo. Después de soslayar todas las dificultades, tenemos una sensación de triunfo por haber acabado ese trabajo en breve plazo. No pensemos que no vamos a terminarlo a tiempo. Al contrario, sea-

● No anulemos períodos completos de nuestra existencia. Cada vez que digamos: "Vaya, hoy he tenido un mal día", estamos anulando veinticuatro horas. Eso sólo significa que toda nueva situación es una oportunidad más de confirmar una visión pesimista. Digámonos: "Bueno, no me ha ido muy bien, pero las cosas pueden cambiar". Tratemos siempre de encontrar algo positivo, aunque sea pequeño, en cada nuevo día. Contemplemos las cosas en perspectiva, evitando las reacciones exageradas.

● Pongámonos siempre en lo mejor, jamás en lo peor. Ponerse en lo peor o estar desanimado impide enfocar la vida desde un lado positivo. ¡Siempre hay que esperar y ponerse en lo mejor!

CENTRANDO LA MENTE

Cuando no sabemos cómo centrar y relajar nuestra mente, podemos ayudarla con pensamientos positivos. La mayor parte del tiempo sólo utilizamos una parte de nuestras energías mentales; su atención está sujeta a cientos de distracciones y por eso nuestros pensamientos son desordenados y las impresiones pueden ser menos intensas de lo que en realidad son.

Si logramos aprender a relajar la mente al igual que relajamos el cuerpo, aprenderemos a vivir el momento con más calma. Sigamos las siguientes sugerencias para detener nuestros pensamientos un instante y empezar a avizorar grandes perspectivas en nuestras vidas.

1 ¡Pensamientos fuera!

Nadie puede dejar de pensar; es imposible. Cuando tratamos de no pensar, sólo conseguiremos pensar más en cómo dejar de pensar. Lo que podemos hacer es aparcar nuestros pensamientos y convertirnos en un espectador objetivo.

Imaginemos que nuestra mente es una tela blanca o un cielo oscuro surcado por fuegos artificiales que zumban y estallan. No intentemos rechazar o acelerar estas imágenes; limitémonos a ver como van pasando. Dejemos que nuestros pensamientos vayan y vengan resistiéndonos a concentrarnos en uno solo; impliquémonos y actuemos. De esta forma, nuestro cerebro irá aminorando su "cháchara" y nos sentiremos menos presionados.

2 Contar

Si nos parece difícil escaparnos de nuestros pensamientos, probemos a contar lentamente mientras respiramos. Visualicemos los pensamientos e intentemos resistirnos a seguirlos; pero si no podemos lograrlo, concentremos nuestra atención en contar mientras respiramos.

3 Atención activa

Atención pasiva significa que los pensamientos, impresiones y sentimientos aparecen y se suceden sin orden ni concierto. Sin embargo, la atención activa precisa un esfuerzo activo. Mientras trabajamos y pensamos, intentamos mantenernos atentos a la tarea que tenemos entre manos. Seamos estrictos con nosotros mismos y cada vez que nuestra mente se distraiga, volvamos a centrarla en la tarea. Mientras seamos capaces de concentrar nuestra mente, nuestra "serenidad mental" estará asegurada.

4 Calmando el cuerpo

Un movimiento disperso es síntoma de una atención dispersa. Por ejemplo, cuando estamos en un teatro, es fácil comprobar si la persona que tenemos al lado está atenta al desarrollo de la obra. Las personas que tosen, suspiran, mueven la cabeza a un lado y al otro, y se remueven en sus butacas, están teniendo dificultades para concentrarse. Una concentración profunda casi siempre va unida a una postura corporal tranquila.

Para tranquilizar el cuerpo, hay que encontrar una postura cómoda y no variarla. Concentrémonos ahora en lo que estamos haciendo o viendo; aislemos nuestra atención de cualquier distracción física y centremos nuestros pensamientos en lo que tenemos entre manos. Pasado un rato, nos sentiremos menos inquietos y menos incómodos físicamente. Esto es debido a que ya tenemos canalizados nuestros esfuerzos mentales.

5 Interesando la mente

Procuremos mantenernos centrados, y nada centra más la mente que el interés. Tratemos de encontrar algo interesante que nos ayude a mantener la concentración. Si estamos en una fiesta con personas que, aparentemente, no son "nuestro tipo", hagamos un esfuerzo positivo por encontrar un tema que nos permita entablar conversación. Interesémonos por ellos o ellas. Hagamos el tipo de preguntas que no esperamos que nos contesten. Seamos inquisitivos y podremos encontrar algunos puntos e intereses en común y temas que no podíamos sospechar al principio.

6 Abriendo la mente

No bloqueemos las avenidas de nuestra mente afirmando tajantes: "No estoy de acuerdo y basta. No quiero seguir discutiendo", o, "No tengo el menor interés en eso". Tal vez algún día lo tengamos. Tom Winjee, el autor de *Mental Fitness* (Capacidad Mental) dice: "una mente capaz es un almacén repleto

Página siguiente: Abre tu mente a nuevas posibilidades. Puedes encontrar algo que nunca antes habías considerado.

de intereses personales". Del mismo modo que necesitamos entrenar físicamente nuestro cuerpo, también necesitamos ejercitar nuestra mente. Al igual que precisamos hacer ejercicios para aumentar la fuerza, la resistencia y la flexibilidad, nuestra mente también requiere nuevos y absorbentes retos que le permitan afrontar sus jornadas cotidianas. Un nuevo "hobby" puede descubrir todo un nuevo mundo interesante, e incluso el aprendizaje de una palabra nueva puede hacernos abrir nuestros oídos. Acerquémonos al quiosco de prensa y observemos cosas nuevas durante el camino, por ejemplo las expresiones faciales de la gente con la que nos cruzamos. En el camino de regreso a casa, sigamos buscando cosas nuevas: un frondoso árbol en el que nunca antes habíamos reparado, o la fachada de un edificio que hasta hoy nos había pasado desapercibida. En el quiosco de prensa, compraremos una revista sobre un tema que no acostumbramos a leer. ¡Vamos a leerla y a abrir nuestro mundo a nuevas posibilidades!

Pensamiento creativo

Al igual que el pensamiento positivo, el pensamiento creativo es una gran ayuda para la relajación mental. En realidad es un modo de dejar que la mente explore nuevos caminos y emprenda diferentes rutas de las habituales. Como el cuerpo, cuando usamos la mente para las mismas tareas rutinarias, sin variaciones, ésta se acomoda y se hace vaga. Con fre-

cuencia, inconscientemente, pensamos sólo unos cuantos tópicos de idénticas maneras. Si es así, la mente se aburre y se cansa dando vueltas por los mismos caminos trillados, sin encontrar nuevos alicientes o soluciones. Son muchas las personas que afirman que ha sido en momentos impensados cuando han tenido la inspiración más brillante; puede haber sido en la cama, leyendo un libro o hasta en el excusado. Sin embargo, es verdad que es en esos momentos cuando el subconsciente deja espacio para maniobrar, espacio que puede llenarse de nuevas ideas. La creatividad no es una cuestión de nuevos y originales pensamientos. Puede consistir en la adaptación de viejas ideas a un nuevo propósito, o dar con nuevas soluciones para un viejo problema.

¿QUÉ ES CREATIVIDAD PARA TI?

Olvídate de este libro por un rato para hacer algo creativo. ¡Hazlo!

Muy bien. ¿Qué has hecho? ¿Un dibujo, por ejemplo? ¿La coreografía de un baile? ¿Has tenido una idea para obtener algún dinero extra? Lo cierto es que la creatividad es diferente para cada cosa, y la utilizaremos con arreglo a lo que signifique para nosotros.

PREPARANDO EL CUERPO PARA LA ACCIÓN MENTAL

Para poder liberar la mente, es necesario empezar liberando el cuerpo. Es muy posible que, después de un día duro, nos encontremos sumamente tensos. El cerebro puede traducir sus problemas sociales en tensiones corporales, por eso es una excelente idea relajar primero nuestro "caparazón".

Para aflojar el cuerpo

Comienza por sentarte en una posición cómoda y, a continuación, concentra tu mente en el cuerpo. Capta las diversas sensaciones físicas del cuerpo. Guía tu mente hacia lo que tus músculos, fibras y nervios están sintiendo. Visualiza desde fuera lo que tu cuerpo siente y parece. A continuación procura visualizar lo que siente y parece desde dentro. Sobre todo, no te distraigas.

Manténte alerta

Es posible que te sientas demasiado relajado, incluso amodorrado, cuando quieras llevar a la práctica lo que estás pensando. En ese caso, adopta una postura levemente más incómoda o que requiera de algún esfuerzo físico adicional. Si estás en público, bien puedes imitar las posturas de aquellos que estén a tu alrededor. Sin llevarlo al extremo de distraer a tu mente de lo que está haciendo, utiliza esa postura menos cómoda como un medio para mantenerte alerta. Otra manera de reconcentrar tu atención, si te sientes soñoliento, es preguntarte a ti mismo: "¿Dónde estoy?". Reflexiona, mira en torno a ti y escucha a los que te rodean. Toma conciencia de dónde y con quién estas y de lo que esa persona te está diciendo realmente. Al instante sitúate en el aquí y el ahora y, por un momento, olvídate del resto de preocupaciones.

DESPEJANDO EL CUERPO PARA ACTUAR

La ansiedad, los problemas y las preocupaciones cotidianas nos nublan la mente. Mantienen ocupados los caminos de nuestros pensamientos con dudas constantes y recordatorios de las tareas que aún tenemos pendientes. Si de verdad estás intentando concentrar tu mente (si estas buscando la solución a un problema), otros pensamientos pueden distraerte de tus propósitos. ¡Puedes estar pensando en la entrevista que tienes la semana próxima, en esos pantalones que te acabas de comprar y que te vienen anchos, o en la pila de ropa sucia que te espera en casa! Tómate algún tiempo antes de enfocar tu mente hacia el problema real, de manera que puedas almacenar en ella el resto de tus pensamientos con la etiqueta de "pendientes".

Toma un folio en blanco y relaciona en columna todas esas cosas que te tienen inquieto. Más abajo escribe todo aquello que tengas en mente y que te preocupe, por muy insignificante y trivial que te parezca. Procura hacerlo con tinta negra. Visualiza cómo todas esas inquietudes están pasando de tu mente al folio. A continuación, dobla el folio por la mitad y guárdalo o tíralo. Con esto, tus preocupaciones no han desaparecido, pero sí han quedado patentes y han sido tomadas en cuenta. Esto te deja en libertad para pensar en otras cosas.

TOMA DE DECISIONES

A diario nos vemos obligados a tomar un sin fin de decisiones, algunas de poca relevancia como si vamos al trabajo en metro o en autobús; otras triviales, como si hoy nos pondremos los zapatos marrones o los negros; y otras mucho más relevantes como mudarnos de casa o cambiar de trabajo. Cuando nos vemos obligados a enfrentarnos con múltiples decisiones, sean éstas insignificantes o muy importantes, es cuando nuestra mente se

PUNTOS DE AUTOANÁLISIS PARA AYUDARTE A TOMAR DECISIONES

1 Hay que estar seguro de lo que uno quiere. Esa es la única manera de tomar la decisión correcta y la que más a menudo se pasa por alto cuando uno debe decidirse. Tenemos que estar seguros de que vamos a conseguir lo que pretendemos y que las consecuencias de nuestra decisión no van a ser las contrarias a nuestras intenciones.

2 Una vez decidido el "objetivo" hay que pensar en cómo alcanzarlo y ser conscientes de lo que puede costarnos.

3 Ahora, como ejemplo, tomemos una decisión sobre algo en un sentido o en otro. O nos dejamos guiar por nuestras corazonadas, o lanzamos una moneda al aire y nos lo jugamos todo a cara o cruz.

4 Analiza tu decisión y escribe una lista de los pros y los contras. Estribe todo aquello que se te ocurra.

5 Asegúrate de que esos pros y contras no son contradictorios.

6 Repasa los "pros" anotados y puntúalos de 0 a 10, según la importancia que le des a cada uno de ellos. Haz lo mismo con los "contras".

7 Suma ambos cuadros y comprueba cúal de los dos totales es mayor. Toma la decisión correspondiente.

estresa, se preocupa en exceso y empieza a dar vueltas a las viejas pautas de pensamiento.

En la toma de decisiones, el pensar creativamente significa pensar con claridad.

Antes de concentrarse en cómo y qué decisión tomar, hemos de considerar el modo en que habitualmente tomamos nuestras decisiones. Por ejemplo: ¿las tomamos más por costumbre que por un análisis consciente?

Las intuiciones

Hay otras varias formas de tomar una decisión y una de las mejores se atribuye a Isaac Newton. Al parecer, solía lanzar una moneda al aire, asignando "cara" a una alternativa y "cruz" a la otra. Si el resultado de la "encuesta" le satisfacía, seguía adelante. En caso contrario, examinaba esa alternativa igualmente convencido de haber tomado la decisión correcta. ¡Piénsalo! Todo esto pretende demostrar que cuando permitimos que sea nuestra intuición quien tome las decisiones, no queda otra opción que aceptarlas.

Algunas veces hemos de permitir que nuestras sensaciones subconscientes salgan a la superficie. Tomar una decisión y a continuación notar cómo nos sentimos, puede ayudarnos a valorar nuestro grado satisfacción con la decisión tomada. Sin embargo, en otras ocasiones en que necesitamos optar por una decisión, tomarnos un tiempo para relajarnos puede ayudar a nuestra intuición. El "sueña con ello" que decían nuestras madres, puede permitir que el subconsciente aflore.

El uso de nuestros sentidos más profundos puede ayudarnos de muchas maneras. Nos evita molestias, desacuerdos y frustraciones. También puede permitirnos relajarnos y disfrutar del presente. Al ser conscientes de nuestro subconsciente nos facilitamos un mejor conocimiento propio: nuestras esperanzas, nuestros deseos, nuestras motivaciones, etc. Podemos desmitificar algunas impresiones depresivas en nuestras mentes y ayudarnos a contemplar el mundo y nuestro bienestar desde un punto de vista diferente. Así es que relajar la mente y el cuerpo robustece nuestra intuición.

Trata de mantener tu mente abierta a nuevas posibilidades y a nuevas alternativas para que tu mundo se amplíe. La psicoterapia moderna se vale de las emociones y de las "voces" de la mente como guía para reconducir la confusión interna y también para aumentar el conocimiento de las indicaciones de nuestras percepciones más profundas. A menudo, nuestros auténticos deseos permanecen escondidos en lo más hondo de nuestro interior, y es probable que necesitemos ayuda profesional para sacarlos a la superficie y mostrar nuestros auténticos sentimientos.

Manteniendo el control

En lo referente a sentirse relativamente feliz y equilibrado, la mayoría de las personas necesitan saber que mantienen sus vidas bajo control. Sólo cuando múltiples situaciones de tu vida están fuera de control se hacen intolerables, y cuando surge la depresión o la tristeza. Por norma general, la depresión más común nunca se debe a un factor único. Al contrario, es toda una serie de acontecimientos lo que va hundiendo, poco a poco, a una persona en el letargo y el desánimo. Si podemos mantener bajo control nuestro día a día, eso nos ayudará incluso a que las situaciones negativas nos parezcan más superables.

Muchas de las decisiones que tomamos cada día no las tomamos con arreglo al procedimiento des-

Página opuesta: La toma de decisión es, con frecuencia, un proceso dificultoso, muy en especial si no tienes muy claro cuál quieres que sea el desenlace. No tomes decisiones por omisión. Sé más "consciente" de tu subconsciente, relaja la mente e intenta comprender tu yo interno.

EL MANUSCRITO "DEBO TENER"

1   Empieza relacionando tus deseos. Haz una lista con todo aquello que te gustaría hacer, ver, tener, experimentar, etc. Escribe todo aquello que se te ocurra, sea grande, pequeño, normal o secreto. ¡Toma un folio y escríbelo en columna!

2   A continuación, divide esos deseos en varias categorías, por ejemplo materiales, profesionales, amistosas, de ocio, de superación personal, etc.

3   Empieza a analizar tus deseos. Repasa la lista y plantéate a ti mismo las siguientes cuestiones:

- ¿Cuáles son los más importantes?
- ¿Alguno de esos deseos es realmente imposible? ¿Para qué lo quiero entonces?
- ¿Alguno de los deseos entra en colisión con otro?
- Esos deseos, ¿son tuyos en realidad o han sido sugeridos por algo o por alguien?
- ¿Cómo te sentirías de no tener esos deseos?

- Si los deseos se cumplieran, ¿cuánta satisfacción positiva tendrías y cuánto ganarías?
- ¿Cuándo empezaste a desearlo?

Las respuestas a estas preguntas te ayudarán a indagar más profundamente en lo que realmente deseas. Es posible que te des cuenta de hasta qué punto estás influenciado por la publicidad o por las opiniones ajenas. También puedes encontrar que muchos de esos deseos están profundamente arraigados en ti desde hace mucho tiempo, o que todos ellos se resumen en uno solo mucho más amplio e importante, como el de ser feliz a toda costa. Reflexiona un rato sobre esto.

4   Ahora, hazte una última pregunta: ¿quieres ser el tipo de persona que desearía algo así? Muchos de nuestros deseos están provocados por nuestras ganas de epatar, influenciar o atraer a los demás. ¿Es eso lo que quieres? ¿Renunciarías de verdad a alguno de tus deseos?

crito en el apartado de tomas de decisión (véase página 81), ni por algún otro procedimiento, sino simplemente por omisión. Las situaciones existen no por nuestra elección, sino porque no hemos hecho nada por cambiarlas de manera consciente.

Decisiones por omisión son, por ejemplo, no hacer ejercicio, no tomarnos tiempo para relajarnos, seguir con un único régimen de comidas y mantener unas relaciones monótonas. Todas ellas necesitan un nuevo enfoque y una firme decisión de cambio, aunque esas decisiones por omisión puedan afectar a nuestra vida mucho más que cualesquiera otras. La aceptación pasiva de decisiones por las que nunca se hubiera optado en primer lugar, puede arrastrarnos a un estado de indife-

rencia y pasividad, y hacernos sentir que estamos perdiendo el control de nuestra vida.

Procura reflexionar sobre tu estilo de vida. Encuentra dónde hay una toma de decisión por defecto y pregúntate si eres feliz. Pregúntate igualmente cuántas decisiones has tomado por costumbre y cuántas tras un concienzudo razonamiento. ¿Estás contento con ese estado de cosas?

¿No estarás necesitando tiempo libre para plantear tu vida un poco mejor? Está claro que la felicidad no puede planificarse, pero sí puedes plantearte la vida para que ésta te ofrezca muchas más oportunidades, recompensas y comodidades, que, al fin y al cabo, nos conducen a la felicidad. ¡Márcate metas en tu vida!

EN EQUIPO HACIA LA META

Una vez estés bien seguro de tus deseos, puedes empezar a convertirlos en objetivos e intentar alcanzarlos. Una de las mejores formas de hacerlo es con los amigos. Procura encontrar un par de amigos con los que puedas reunirte habitualmente.

Empieza por reunirte con ellos y hacerles ver tus deseos como objetivos. Deja que ellos hablen a su vez y piensa en lo que consideran prioritario y por qué. Pídeles su opinión sobre lo que vean factible a corto plazo, por ejemplo en los próximos tres meses. Lo que se puede cumplir a medio plazo, más o menos dentro de los siguientes seis u ocho meses, y lo que ellos dejarían a largo plazo, pongamos cinco años. Mantén estas reuniones con tus amigos cada tres o cuatro semanas para animarles y comprobar si van avanzando.

Márcarte tus propios objetivos y metas, siempre y cuando sean realistas, puede darte ánimos. Asegúrate de que tus metas son alcanzables y oportunas. Considera la forma de alcanzarlas e intenta mantenerte firme en tus planes al menos tres meses.

Manteniendo el control mental

Mientras estás trabajando por alcanzar tu meta, procura mantenerte en calma. No olvides que al estar continuamente preocupado, dándole vueltas a tus objetivos, sólo consigues aumentar la presión. Trata de desterrar de tu mente los estereotipos como "tengo un mal día", "es una persona repulsiva", "he metido la pata". No te digas a ti mismo que eres un idiota o un caso perdido. ¡Si lo dices, acabarás siéndolo! Y si incurres en esa mala costumbre, en lugar de atenuar conscientemente esa voz de tu cabeza, "domínala". Sube su volumen, que se oiga más alta, más firme —todo lo que signifique controlarla— y después destierra toda idea negativa.

No te digas: "¡Socorro, estoy nervioso!" o "Vaya, estoy demasiado deprimido". Si sabes que hay en tu vida elementos que no te gustan o situaciones que no controlas, podrás reducirlas a modelos más manejables. Empieza por tomar el control de tu vida con los métodos descritos y no contemples la situación en conjunto con un enfoque negativo.

EL CONTROL

No sólo la mente puede hacer las cosas más manejables; también es útil comprobar cómo gastas tu tiempo. Una de las cosas en que más hincapié hacen los cursos para directivos es saber cuánto tiempo se dedica a un determinado proyecto. Son muchas las personas que dedican mucho tiempo a pequeñas

PARA ACABAR CON LA DEPRESIÓN
Utiliza los métodos descritos más arriba y los dedicados a las tomas de decisión (página 81), y la próxima vez que notes síntomas de depresión detén esa sensación creciente que te va envolviendo como una nube de tristeza. Toma un folio en blanco y anota en él todo lo que te está preocupando. ¡Tíralo! Procura marcarte una meta y procede a analizar y formular un plan que te ayude a controlar aquello que te está hundiendo. Tal vez esto no resuelva tu problema, pero hará que las cosas sean más controlables dentro de tu mente y disolverá esa nube depresiva que te envolvía.

ocupaciones y muy poco a las realmente importantes. Esto puede ser cierto tanto si desarrollas tu trabajo en una oficina o no.

Repasa tu programa diario y decide cuales son las tareas prioritarias. Las verdaderamente importantes no superan el veinte por ciento del total. Sin embargo, es habitual que esas tareas se demoren.

Pregúntate por qué las estás demorando. ¿Tan difíciles son? ¿Son tan complicadas? ¿Sientes que no vas a poder hacerlas, o es sólo que te cuesta trabajo empezarlas?

HAZLO AHORA

Cuando más malgastamos el tiempo es cuando hemos de tomar una decisión antes de hacer algo. Puede ser que no nos decidamos a volver a la tienda en busca de ese producto que se nos ha olvidado, o que no podamos dejar de pensar en cómo hacer un determinado trabajo.

El obstáculo es que esa falta de decisión significa que cada vez que contemplas el conjunto de tu tarea, te dices: "Conforme; pero no puedo hacerlo aún porque todavía no he preparado mi mente".

CONCENTRÁNDONOS PARA LA MEDITACIÓN

Una vez comprobado nuestro poder de concentración, empezaremos por utilizarlo para cosas nuevas y para abrir nuestra mente y nuestro cuerpo a nuevas áreas inexploradas. La meditación es un tópico muy popular, pero son muy escasas las personas que la consideran una opción real para perfeccionar la propia vida o para la relajación. No debemos dejarnos llevar por las frecuentes fotografías de gente sentada en el suelo con las piernas cruzadas por el simple hecho de que están practicando una filosofía oriental. Meditar no quiere decir mantenerse mudo y lejos del mundo, sino mirarlo de un modo diferente. En el siguiente capítulo, trataremos los diversos aspectos del concepto de meditación; pero mientras, nos valdremos de nuestro recién adquirido poder de concentración para estar tranquilos.

Siéntate en una posición cómoda, procurando mantener recta la columna. Para esto tal vez tengas que empezar por concentrarte en la columna. O puedes necesitar un chequeo mental de tu cuerpo para que no permita que tu columna se distorsione. Libérate de la tensión en tus hombros para permitirles aflojarse y ensancharse.

Ahora, respira, como ejercicio previo (véase página 66) para aflojar tu mente. Deja que los pensamientos corran por tu mente, pero no los sigas. Cierra los ojos y procura mantener la sensación de ausencia. No estás

meditando, sino aprendiendo a colocar el cuerpo en una postura y la mente dentro de un cuadro por donde pueda hacer su propio viaje. Haz esto durante cinco días consecutivos y ve aumentando el período de inmovilidad progresivamente. En el próximo capítulo podrás seguir avanzando.

Compra un paquete de pegatinas rojas. Cada vez que revises un formulario o una carta sin haber tomado una decisión al respecto, o le des vueltas en tu mente, arranca una etiqueta y pégala en una hoja de papel. Al cabo de un par de días, echa un vistazo a esa hoja de papel. ¿Cuántas pegatinas rojas has pegado en ella?

Eso te ayudará a comprobar cuánta energía mental y, probablemente también física, has derrochado pensando en hacer una cosa para luego demorarla sin que actualmente la hayas empezado. Si hay más de dos etiquetas rojas en el folio, significa que en ese tiempo desperdiciado podías haberte decidido y acabar con ese trabajo, o al menos haberlo empezado. Sé estricto contigo mismo y repítete a menudo: ¡Hazlo ya!

Concentración

El factor más importante para realizar cualquier tarea es la concentración. Si pretendes acabar una gran novela, mecanografiar un documento o construir un castillo de arena perfecto, lo harás mucho mejor si estás plenamente concentrado.

Recuerda que sólo con empezar ya has ganado media batalla, de modo que si lo que tienes que hacer es escribir, ¡agarra la pluma y escribe! El mero acto de escribir puede estimular al cerebro a tomar la dirección correcta. Si no sabes muy bien cómo empezar, no importa, empieza de todos modos, porque, aunque te atasques, acabarás por encontrar el camino.

FALSA CONCENTRACIÓN

Una vez hayas empezado el trabajo, ¡finge la concentración! Aunque no lo estés, procura aparentar que estás concentrado. Imagina que estás en la TV y actúa como si te estuvieras concentrando profundamente. Las personas que están absortas en su tarea no se permiten distracciones externas, procuran mantenerse muy quietos, o realizar los movimientos indispensables. Cada vez que tu mente se distraiga, oblígala a volver al trabajo.

MANTENIENDO LA CONCENTRACIÓN

Esto es un poco más difícil que fingirla. Una vez empezada la tarea, procura seguir hasta llegar a un punto en que tu mente empiece a estar fatigada. Si llegas a ese punto, será mejor que escuches a tu cuerpo y a tu mente.

Si es un trabajo físico y estás cansado, tómate un respiro. Haz una pausa, bebe un poco de agua, estírate, cambia de postura o come algo ligero. Si tienes un trabajo sedentario, la mejor ayuda es dar un paseo.

● Levántate de la silla, pasea. Colócate frente a una pared y respira hondo. Luego, vuélvete hacia otra pared. Levanta ambos brazos hacia el techo, estira la columna y estírate tu mismo todo lo que puedas. Suavemente, echa la cabeza hacia atrás, como si fueras a mirar al techo, mientras llevas los brazos hacia atrás y hacia los lados, alternativamente.

● Adelanta el mentón en tanto los brazos van rotando hasta colocarse por delante del cuerpo para permitirle curvarse hacia delante. Deja que tu cuerpo

PERMANECER RELAJADO

Revisa tu postura física. Para estar relajado no debes permitirte estar inquieto o deprimido. Tranquilízate a ti mismo al respecto y así podrás hacer los ajustes necesarios para que tu cuerpo permanezca lo más cómodo posible. Si tienes dificultades para concentrarte en lo que alguien te está diciendo, adopta la misma postura que tendría una persona que estuviera siguiendo sus palabras con atención. Si así lo haces, verás que, acabas por recuperar la atención.

se incline, arrastrando los brazos y la cabeza, pero dejando que el peso se mantenga firme sobre los pies.

● Cuando tus manos estén cerca del suelo, asegúrate que tienes las rodillas dobladas, y permanece en esa posición para permitir que la sangre fluya hacia el cerebro. A continuación, invierte el proceso despacio hasta recuperar la posición inicial.

● Éste es el modo de liberar la columna y renovar la sangre del cerebro, mientras el incorporarse poco a poco, evita el mareo.

● De cuando en cuando, mientras estás trabajando, procura estimular tu mente. Grita a tu mente: "¿Dónde estoy? ¿Qué está pasando?" Echa un vistazo a tu alrededor, asegurándote que ves cuanto te rodea. Asegúrate de que puedes oír lo que te están diciendo y que comprendes sus palabras. Toma conciencia de la temperatura interna, del tiempo que hace en el exterior y de los objetos que tienes cerca. En el momento en que te sientas errático, grita a tu cabeza: ¿Dónde estoy?

LA DIETA

La dieta juega un papel muy importante en el mantenimiento de la concentración. Aquello que comes y cuándo lo comes puede tener una enorme influencia en tu capacidad de concentración. Ahí van unas pocas pautas:

● Si espacias demasiado tus comidas, comprobarás que tu mente se distrae con mucha más facilidad. Tu cerebro es como cualquier músculo de tu cuerpo: necesita combustible, no le prives de alimento. Llena el "depósito" regularmente con calorías de buena calidad.

● No hagas comidas cuantiosas, pesadas. Aunque tu trabajo no sea físico, una comida abundante

Sé bueno contigo mismo e incrementa tu habilidad de concentración injiriendo alimentos muy nutritivos. Procura beber mucho líquido y comer mucha fruta fresca y verduras.

desvía mucha sangre hacia el estómago, restringiéndosela al cerebro. Son preferibles las comidas ligeras cuando uno necesita estar concentrado.

● Durante el día, procura comer verduras, fruta, pasta y pan. Sus carbohidratos mantendrán tus energías en un nivel alto durante un período amplio, al contrario de los alimentos azucarados que, de

PROBANDO TU CONCENTRACIÓN

Realiza los siguientes ejercicios para medir tu preparación mental:

1 ¡Toma nota!

Busca por tu habitación y observa cuántas formas cuadradas puedes encontrar en ella. Busca cuadrados en la ropa que llevas, en los objetos que llevas encima, en las grietas y superficies de las paredes, o en cualquier manifestación natural. ¿Has visto algo en lo que no habías reparado antes? ¿Te das cuenta de cómo los cuadrados presentan a esos objetos bajo una forma que nunca antes habías percibido? Esto no es más que un ejemplo muy sencillo de hasta qué punto puedes incrementar tus conocimientos.

Haz lo mismo, pero esta vez con una palabra. Aprende una palabra nueva y busca la ocasión de utilizarla. Vas a asombrarte de lo pronto que podrás introducirla en una conversación o incluso de lo a menudo que ahora escuchas esa palabra. Una vez que llegas a conocer una cosa, esa cosa comienza a existir en tu consciencia y pone algo distinto en tu vida desde la primera vez.

2 ¡Vamos con los números!

● Recita: 2, 4, 6 etc. Hasta 100. ¡Fácil, no?

● Prueba ahora con series de dos números: 2-3, 4-6, 6-9, así hasta 50. ¡Más difícil, verdad?

● Ahora inténtalo con dos series de números, una ascendente, añadiendo 4, y otra descendente, restando 5: 100-4-, 95-8, 90-14, etc.

Hay muchas variaciones sobre el mismo tema que puedes intentar. ¡Con la práctica, podrás hacerlo muy rápido!

3 Memoriza este verso:

Por el mar nada nadaba,

Nada ya nadaba nada;

Hacia atrás nada nadaba,

Nada ya nada nada.

● Di estos versos, línea a línea, de atrás a adelante.

● Recítalo con números (con arreglo al número de letras que tiene cada palabra)

● Recítalo omitiendo la cuarta palabra de cada verso.

4 ¡Pensamiento lateral!

Durante una visita a su ciudad natal, Bill se encuentra con una antigua amistad:

—¡Hola, Bill! —le saluda— ¿Qué tal estás?

Tras una breve introducción, la persona en cuestión añade: —Me casé con alguien que tú no conoces. Ésta es mi hija.

—¿Cómo te llamas? —pregunta Bill.

—Me llamo igual que mi madre —contesta la muchacha.

—Entonces te llamas Sara —sentencia Bill.

¿Cómo lo averiguó?

Este pensamiento lateral no sólo te ofrece otras posibilidades, sino que desafía las propias conjeturas. ¿Qué te ha hecho pensar que la amistad de Bill tenía que ser un varón, o qué te ha hecho pensar que era una mujer? ¿Tienes otras impresiones o prejuicios que pueden influir en tu vida cotidiana? Debes abrir tu mente a nuevas ideas y clarificar tu atención.

Nota: la solución es que la persona amiga de Bill es la madre de la muchacha y también se llama Sara.

---

momento "te ponen las pilas", pero no van liberando energías gradualmente y de forma controlada.

● Procura no comer demasiados dulces y chocolates. Puedes alterar los niveles de azúcar e insulina y provocar una sensación de hambre, o bien unos síntomas similares a los del estrés.

● Chupa algo ácido, como el limón, o masca algo amargo para mantener despiertos tu sentido del gusto y tu cerebro.

● Procura trabajar con una botella de agua al lado. Bebe con frecuencia para mantener un buen estado de hidratación durante toda la jornada.

Relajación mental

capítulo quinto

UNA DE LAS MEJORES formas de relajar la mente es la meditación. Muchas personas dicen practicarla, pero son muy pocos los occidentales que realmente saben en qué consiste y los beneficios que puede aportarnos. La meditación es otra forma de relajar la mente de sus preocupaciones cotidianas con todas las trivialidades y rutinas inherentes. Puede ayudarnos a alejarnos de nuestro mecanizado modo de vida y a ver nuestro interior desde una nueva perspectiva. Sin embargo, en el mundo occidental, existen muchos conceptos erróneos sobre la meditación. Por ejemplo: muchas personas piensan que consiste en estar sin hacer nada, sumido en una especie de trance hipnótico. Otras piensan que la meditación es tratar de encontrar una solución a los problemas, o bien una práctica religiosa. Una meta asequible en la meditación es llegar a un estado de conciencia en el que la mente se libera de pensamientos negativos y preocupaciones. ¿No lo encuentras atractivo?

¿Para qué meditar?

Como todos los métodos apuntados en este libro, la meditación es una ayuda para aliviar tensiones y estrés. Una prevención de síntomas estresantes como la hipertensión, las migrañas o el insomnio. Sin embargo, cuando la practicamos con unas bases sólidas, puede ir un poco más allá. Cuántas veces te habrás preguntado qué podrías hacer para cambiar tu forma de ser. Es posible que sientas la necesidad de relajarte más o ser mucho más tolerante y no sepas cómo hacer para cambiar.

El proceso de meditación puede compararse con el acto de despojarse de algunas prendas de ropa bajo el calor del sol. Cada prenda que nos quitamos, o sea cada vieja costumbre, nos libera de un pesado tópico que nos condiciona. Al igual que al irnos quitando ropa vamos descubriendo nuestra piel, al despojarnos de tópicos veremos más claramente nuestros valores en relación con los demás, con el mundo, y con nosotros mismos. La meditación adquiere de ese modo un enfoque holístico que abarca tanto al cuerpo como a la mente. Al mirarnos por dentro, podremos familiarizarnos con nuestros pensamientos y sentimientos más íntimos. Al estar más en contacto con uno mismo, podremos tener un mayor control de nuestra personalidad y, por ende, de la calidad de nuestra vida.

Podremos descubrir que hemos desarrollado un nuevo tipo de conciencia, que las sensaciones son más vívidas, que ha aumentado nuestra capacidad de concentración y que ha mejorado nuestra creatividad. De repente nos encontraremos con que hemos empezado a creer en nuestro propio juicio, no en el de los demás; que sólo necesitamos nuestra

aprobación, no la de los otros. Todo esto nos ayuda a eliminar las presiones diarias, a adaptarnos con mayor rapidez a nuevas circunstancias, y, por añadidura, a aumentar nuestro bienestar físico y mental.

¿QUÉ ES LA MEDITACIÓN?

Meditación es más un estado mental que una actividad específica. Es el deseo consciente y la voluntad de serenar la mente y mirar hacia el mundo interior propio en lugar de al mundo externo, no con una mirada autosuficiente o egocéntrica, sino con auténtica curiosidad por la propia personalidad y con un sincero deseo de mejorar. Aunque la meditación beneficie a los demás tanto como a nosotros mismos.

Entre las múltiples formas de meditación se encuentran las siguientes: orar y llevar a cabo rituales para calmar el cuerpo y la mente; valernos de mantras y sonidos para estimular nuestra mente, o escuchar música. También paseando por el campo, practicando algún deporte o incluso tomando un baño. Todas esas actividades y muchas más pueden ser formas de meditación si la mente está comprometida en el sentido correcto. Practicar una relajación plenamente concentrados y conscientes es una cosa, y tirarse en el suelo a planificar nuestras actividades para el día siguiente, otra muy distinta.

La abstracción de nuestro pensamiento puede conducirnos a un estado mental meditativo, por eso algunos deportes que requieren gran concentración pueden ser meditativos. Es en ese estado a medio camino entre la plena consciencia y el sueño, cuando la mente ya ha empezado a liberarse de sus pensamientos y el cuerpo se prepara para el reposo.

La meditación puede practicarse como una actividad o como un estado mental: un acto de inmovilizar el cuerpo y liberar a la mente. Al principio, ambas cosas requieren la concertación de esfuerzo y aplicación, como puede requerirlo aprender a esquiar. En las sociedades occidentales, aprender a permanecer inmóvil es tan difícil y raro como aprender un nuevo movimiento.

La montaña mental de dos minutos

● ¿Es muy difícil para ti aclarar tu mente durante algo más que unos cuantos segundos y darte un respiro mental de todas esas miríadas de pensamientos y preocupaciones que llenan día y noche?

Busca un reloj con segundero manual o digital para medir dos minutos. Mientras miras el reloj, trata de no pensar en nada durante esos dos minutos. Concéntrate no en seguir tus pensamientos, sino en registrarlos únicamente. Cuando no puedas apartar un pensamiento de tu mente, detén el reloj. Intenta no pensar en nada.

¿Qué tal ha ido eso? ¿Has estado un minuto, treinta segundos o sólo cinco? Este ejercicio puede resultar mucho más difícil de lo que imaginas. Sin embargo, te hará más consciente del mucho tiempo que tu mente dedica a determinados pensamientos sin tu darte cuenta. Las prácticas meditativas, efectuadas de modo regular, te abrirán un camino en tu cuerpo y tu mente que te permitirá llegar a concentrarte en pensamientos y sentimientos más profundos.

POSICIÓN DE SHAVASANA

Túmbate en el suelo con las piernas abiertas y relajadas de manera que las rodillas estén muy separadas. Los brazos junto a tus costados, y la cabeza apoyada en el suelo. Mantén esa postura unos minutos y prueba a mantener el cuerpo absolutamente inmóvil sin que esté rígido ni tenso. Procura permanecer inmóvil durante al menos tres minutos. Si te notas rígido o inquieto, detente y vuelve a intentarlo. Con la práctica, irá aumentando gradualmente.

Ahora prueba una versión mental del sistema de meditación explicado antes (la montaña mental de dos minutos).

La práctica

Cuando te decidas a ensayar algún método de meditación, piensa en lo que tienes que hacer. Elige un lugar donde puedas tener un mínimo de privacidad, pues las interrupciones no ayudan precisamente a no pensar. Busca un lugar lo bastante acogedor y, si te inclinas por una meditación sin movimientos, viste ropas cómodas. El algodón y la seda son tejidos naturales. También es posible que tengas una ropa especial para tus días "libres". En tal caso, ponértela te servirá de recordatorio de que estás en un tiempo dedicado a ti mismo.

Procura una iluminación relajante, nada de brillantes luces de neón, mejor algunas velas o lámparas de noche. Las velas perfumadas o el incienso contribuyen a crear el ambiente.

Crear el ambiente apropiado no es más que un modo de disponer al cuerpo y a la mente para lo que vas a hacer: serenarte y prepararte para un período de relajación.

CUÁNDO

Cualquier momento es bueno para la práctica de la relajación, dependiendo siempre de la persona, de su estilo de vida, de sus ocupaciones, de la época del año. No es esencial practicarlo a una hora determinada, aunque mucha gente piensa que resulta más fácil cuando se hace siempre a la misma hora. Por otra parte el practicar un día a una hora y otro a otra, puede acabar por aburrirnos y hacernos abandonar. Lo importante es no obsesionarnos con buscar tiempo, aunque al principio sí debemos obligarnos a meditar. Como en cualquier otra actividad, se necesita tiempo para establecer una rutina. Como dice el refrán: Cada día un día más, y todo se queda atrás.

Es preferible comer algo antes de meditar, porque estaremos menos alerta ya que la sangre se "distrae" con la digestión en el estómago. Puede causarnos somnolencia, pero no olvidemos que aunque la mente esté calmada en apariencia, también puede estar atenta.

POSTURA

Hay muchas posiciones que facilitan un estado mental meditativo. Varían desde la avanzada posición de yoga conocida como la "flor de loto", hasta cualquier otra que nos resulte cómoda y nos permita mantener inmóviles mente y cuerpo.

Si estás interesado en leer algo más sobre el tema, más adelante encontrarás información sobre varias posturas de la enseñanza hindú y de la china, como la "postura perfecta" (siddhasana), la "postura sencilla" y la de la "consecución". Una vez que hayas fijado la hora de tus sesiones, ensaya la posición de semi-loto (pagina contigua).

VÍAS DE MEDITACIÓN

Una vez nos hayamos tranquilizado y estructurado la mente para abordar cualquier método de meditación, hemos de optar por una de las varias técnicas. No hay formas correctas o erróneas de meditar; es una cuestión de preferencias personales y de encontrar la técnica que mejor nos vaya. Una persona muy activa, que tiene dificultades para concentrarse estando inmóvil, es más fácil que se adapte a las técnicas del Yoga o Tai Chi. Sin embargo, si lo que necesitamos es permanecer muy quietos para poder concentrarnos, es posible que lo mejor sea sentarnos, cerrar los ojos, controlar nuestra respiración. También puedes elegir entre otras muchas técnicas.

Aquí exponemos como ejemplo algunas de las más populares; pero existen otras muchas que irás descubriendo una vez que destines parte de tu tiempo a la práctica de la meditación.

POSICIÓN DE SEMI-LOTO

1   Adopta esta posición para meditar. Flexiona las piernas sentándote en el suelo con las rodillas dobladas y la planta de los pies juntas. Con las manos hacia detrás apoyadas en el suelo como sujeción, ves bajando suavemente las rodillas hacia el suelo. Repite 4 o 5 veces.

2   La misma posición anterior, sólo que ahora agarrándote los tobillos, e inclinándote hacia delante hasta llevar tu cara tan cerca de los pies como puedas. Enderézate y repite unas cuantas veces hasta que las articulaciones de la cadera tengan algo más de elasticidad.

3   Para adoptar la posición del semi-loto siéntate en el suelo con ambas piernas estiradas. Dobla la pierna izquierda llevando el pie hasta situarlo debajo del muslo derecho, lo más cerca posible de los glúteos. Después, dobla la rodilla derecha y coloca el pie del mismo lado sobre el muslo izquierdo. Ambas rodillas deben estar tocando el piso para que proporcionen un buen equilibrio y una posición estable para la meditación.

● Esta posición es relativamente fácil de mantener y, sorprendentemente, también resulta muy cómoda porque mantiene la espalda recta y muy bien soportada.

LA RESPIRACIÓN

A lo largo de estas páginas hemos aludido muchas veces a la respiración, lo que da una idea de lo fundamental que resulta para la relajación mental y corporal. La relación entre nuestra respiración y nuestros estados mental y físico, enseña que el control de la respiración puede utilizarse para introducir puntos de vista específicos y mejoras en nuestro estado de salud general.

No sólo nos valemos de la respiración en el control del estrés, estiramientos, y Yoga (otra práctica meditativa), sino también para purificar y calmar la mente. En términos de meditación, las técnicas para respirar son, probablemente, unas de las formas más asequibles y sencillas de trabajar nuestro interior. La respiración es un proceso que nos une a todos: no es algo religioso ni controvertible. Todos necesitamos respirar y todos podemos entender su importancia si meditamos y llevamos a nuestra mente por el camino recto.

LOS MANTRAS

Existe otra técnica de meditación. El sonido, al igual que la respiración, es universal. Tiene el poder de producir diferentes estados de ánimo en diferentes personas, y también el poder de mesmerizar y absorber a la mente. Muchas religiones y místicos han reconocido la influencia del sonido y, a partir de ese reconocimiento, han desarrollado sus tradiciones. Es algo que abarca desde las reuniones para cantar himnos religiosos, hasta los

Página contigua: Cuando empieces a ser consciente de tu respiración, habrás iniciado el viaje hacia el autodescubrimiento. Prueba una de la técnicas de meditación.

CONTROL RESPIRATORIO PARA LA MEDITACIÓN

Ensaya una de las tres técnicas siguientes para introducirte en el arte de controlar la respiración para la meditación.

1 Siéntate en la posición de semi-loto, por ejemplo, y ponte cómodo. Cierra los ojos o entorna los párpados. Respira normalmente. Empieza a contar bien las inhalaciones o bien las exhalaciones hasta llegar a diez. Mientras se van difuminando tus pensamientos, concéntrate en los números. Si pierdes la cuenta, vuelve a empezar. Cuando llegues a diez, empieza de nuevo por uno. Deja que tus pensamientos y tus sentimientos se borren. Cuando realmente empieces a estar centrado, verás qué diferente es este proceso de una simple somnolencia. Este proceso mantiene a la mente concentrada y alerta.

2 En la misma postura, respira normalmente. Empieza a concentrar tu atención en la punta de la nariz por donde entra y sale el aire de tu cuerpo. Percibe esa sensación en tu nariz y concéntrate en ella. Devuelve poco a poco tu errática atención.

3 La misma postura. Respira con naturalidad. Empieza a concentrarte en el espacio entre respiraciones: el espacio exterior del cuerpo cuando la exhalación termina, y el espacio interior del cuerpo cuando la inhalación concluye. Percibe el silencio en esos puntos. Fuerza tu atención a concentrarse en esa quietud de la respiración. A veces esto conduce a una quietud mental. Con la práctica notarás que esos espacios entre dos respiraciones van en aumento.

Nota: También se pueden combinar estas técnicas respiratorias con las posturas sentadas ya descritas (ver página 94).

cánticos de los hinchas de un equipo de fútbol, pasando por los "haka" del equipo de rugby de Nueva Zelanda.

LA ELECCIÓN DE MANTRA

Podemos escoger una frase o una palabra, tengan sentido o no. Hemos de tener en cuenta que repetir algo agradable o sedante puede inducirnos a un estado relajado. Desechemos las palabras o frases con connotaciones tristes o frustrantes. Algunas personas se inclinan por frases religiosas o por un mantra hindú como: "Om namah sivaya" (Yo reverencio a Siva, uno en sí mismo).

Otras personas pueden valerse de cualquier nombre divino, etc. Una vez que hayas elegido tu mantra, memorízalo para que quede asociado a tus prácticas meditativas, y sea la puerta que se abra a la tranquilidad de tu mente.

MEDITACIÓN CON MANTRA

Siéntate cómodamente, en posición erguida y con los ojos cerrados o entornados. Repite tu mantra en voz baja, despacio al principio, y luego a tu velocidad normal de hablar. Manténte absorto diciendo y repitiendo la palabra. Concentra tu atención en esto. Mantén la atención centrada. Cuando tu mente empiece a calmarse, puedes dejar de repetir el mantra, pero sigue con la mente centrada en él. Si tus pensamientos son erráticos, vuelve a repetir el proceso hasta acallar la mente.

Hay múltiples variaciones de meditar con mantras y si esta técnica te va bien, es posible que te intereses en estudiarla más a fondo.

MEDITACIÓN VISUAL

Esto significa mirar un objeto en el que concentrar la mente y la atención. Mirando con fijeza un obje-

Siéntate en una habitación oscura con sólo una vela encendida frente a ti. Mira fijamente la vela durante unos segundos y, a continuación, cierra los ojos. Comprobarás, si miras hacia la oscuridad, que sigues viendo la imagen brillante de la vela. Sin embargo esta imagen perdura sólo un momento y luego empieza a desvanecerse.

Veamos ahora cuantos detalles puedes distinguir en esa imagen. ¿Puedes ver la cera derretida? ¿Puedes ver los colores reales de la llama? ¿Conservas la imagen frente a ti?

En efecto, es muy difícil precisar una imagen mental y necesita tiempo y práctica para adquirir esta habilidad. Cuando empieces a ejecutar este ejercicio, tal vez observes que estás más tiempo con los ojos abiertos mirando la vela, que con los ojos cerrados visualizándola. No te preocupes si esto sucede. Con tiempo y práctica serás capaz de aumentar tu habilidad para retener una imagen mental regularmente.

to para luego tratar de visualizarlo, se mantiene la mente despierta pero tranquila en su concentración.

Las imágenes usadas en las prácticas meditativas son muy variadas. Pueden ser pinturas o grabados de Jesucristo o diagramas místicos como los utilizados en las tradiciones hindúes y budistas de Oriente. También están los hermosos y complejos mandalas del Yoga tántrico, diseñados como guías de atención interna y para incrementar el desarrollo espiritual.

Los mandalas y otras complicadas formas artísticas, son también formas avanzadas de meditación visual. Si decides iniciarte en estas prácticas, puedes empezar con un método sencillo, como el expuesto anteriormente.

Cierra los ojos e intenta visualizar los detalles del objeto elegido, por ejemplo, una vela encendida.

Otros ejercicios de visualización

Ensaya estos ejercicios para practicar las técnicas de visualización.

1 En vez de encerrarte con una vela en una habitación a oscuras, haz un punto negro en una habitación iluminada. Pinta un gran punto negro en un papel grande y fíjalo a la pared. Siéntate cómodamente, a ser posible en una de las posturas recomendadas, y trata de concentrar toda tu atención en el punto.

Lo mejor del punto negro es que es una forma abstracta sin más connotaciones. Esto es algo muy ventajoso cuando se empieza, porque evita que la mente se distraiga. Si como foco de atención utilizamos por ejemplo una copa, podemos vernos tentados a pensar de qué está hecha, adónde la compramos, para qué sirve, etc. El punto negro nos ayudará a evitar distracciones.

2 Intenta concentrarte mirando fijamente la punta de tu nariz. Aunque sufran los ojos, esto ayuda a romper la tendencia a que otros objetos que estén cerca del elegido se interfieran en el foco de atención.

Es también una representación muy gráfica de la aptitud mental que debes tener cuando pruebes la meditación.

3 Si encuentras demasiado dificultoso el ejercicio anterior, prueba a cerrar los ojos y a concentrarte en el punto interno entre tus cejas. Con esto eliminamos cualquier estímulo visual externo, pero debemos seguir concentrados en la imagen mental interna.

ELECCIÓN DE UNA IMAGEN VISUAL

Como ya ha quedado dicho, podemos valernos inicialmente de un simple objeto como una vela encen-

OTRAS IMÁGENES

Otro procedimiento es mirar fijamente una palabra o una nota musical escritas. Mirar fijamente una caligrafía, por ejemplo, o sólo una letra, o el símbolo de la palabra "OM", pueden servirnos de métodos de meditación visual.

PARA PRACTICAR LA MEDITACION VISUAL

Siéntate confortablemente en una posición recomendada. Coloca el objeto elegido a la altura de tus ojos, a unos dos metros de distancia. Mira fijamente el objeto, tratando de permanecer absorto en su contemplación, sin distraerte con lo que hay a su alrededor. Pasados unos momentos, cierra los ojos e intenta visualizarlo el mayor tiempo posible. Si la imagen desaparece o se enturbia, abre los ojos y repite el proceso. Con la práctica, la imagen mental se irá haciendo mucho más nítida hasta que ya no necesites de los objetos originales.

Permite que tus pensamientos vayan y vengan, pero no les dejes que interfieran en la visualización del objeto.

dida. Una vez que estés más ducho querrás probarlo con otras imágenes. Puedes escoger entre millones de símbolos. Un texto budista del siglo cuarto nombra diez sujetos distintos relacionados con los elementos tierra, fuego, agua y aire; con los colores azul, amarillo, rojo y blanco, y con la luz y el espacio. Los objetos naturales, como una piedra o una hoja de hierba, pueden ser ideales. Y también puedes seguir el consejo taoísta de observar el paso de las nubes.

Hay muchos símbolos religiosos y místicos muy populares. Por ejemplo el Yin-Yan que simboliza los opuestos, como la luz y la oscuridad, la noche y el día, lo masculino y lo femenino, y los polos positivo y negativo del Tai Chi. Otros símbolos bien conocidos que puedes utilizar son el huevo cósmico (la simiente vital) o la serpiente (la energía espiritual latente).

TÉCNICAS DE CONCENTRACIÓN

La concentración es una poderosa herramienta para la meditación y son muchos los ejercicios que pueden hacerse para lograrla. Empecemos con uno para eliminar objetos.

1 Tomemos cuatro objetos cualquiera, por ejemplo, una taza, un plato y una cuchara dispuestos sobre una mesa. Nos sentamos confortablemente y fijamos la vista en dichos objetos, tratando de memorizar los detalles y la ubicación de cada uno de ellos. Después, cerramos los ojos para tratar de ir eliminando uno por uno los objetos de nuestra visualización. Empecemos por la mesa, luego el plato, luego la cucharilla hasta que sólo nos quede la taza flotando y decidamos eliminarla también.

2 Ahora vamos a ejercitar los hemisferios izquierdo y derecho del cerebro. Concentremos la atención en el hemisferio izquierdo visualizando una montaña alta y hueca. Pasemos al hemisferio derecho para visualizar una muchacha tocando el violín. Desarrollemos primero la imagen derecha y fijémosla en nuestra mente. Hagamos lo mismo con la izquierda.

3 Visualicemos ahora un ermitaño yogui saliendo de la cueva atraído por los sonidos del violín. En el hemisferio opuesto, la muchacha deja de tocar su violín y camina hacia el anciano. Visualiza ambas figuras avanzando una hacia la otra. El ermitaño con ropa talar y la joven con el violín en la mano, ambos sonriéndose.

Este ejercicio señala las diferencias entre el hemisferio derecho del cerebro, con sus tendencias artísticas y musicales, y el más verbal y analítico hemisferio izquierdo.

4 Éste es un ejercicio para concentrarse en una idea. Ahí van unas sugerencias para meditar. Empecemos por sentarnos cómodamente sobre una superficie blanda y contemplar nuestro cuerpo ingrávido, como flotando. Contempla la idea, no los sentidos, algo como "me parece estar volando", o cosa semejante; por ejemplo: "Estoy en una nave espacial". Intenta no fantasear, céntrate en la idea de falta de gravedad.

Contempla la piel que recubre tu cuerpo como un caparazón vacío. Concéntrate en ese vacío interno. Lleva a tu mente a este sujeto cada vez que empiece a distraerse.

Recapacitemos sobre la siguiente pregunta: ¿Qué es la salud? Piensa en esta pregunta y retén tu atención hasta que tengas claro tu punto de vista. Hay que practicar mucho porque es mucho más duro concentrarse en una idea que en un objeto. Pero con el tiempo se consigue.

Nota: Toda concentración meditativa te ayudará a enfocar dentro de ti y, durante un rato, no te preocupes por el flujo y el desorden de tus pensamientos. Después de una sesión de meditación, te sentirás más fresco y descansado, nada soñoliento. Intenta salir del estado de meditación poco a poco. Perderías muchos de sus beneficios pasando demasiado rápidamente de un estado de reposo a uno de más actividad. Siéntate o túmbate unos minutos, los necesarios para un ajuste mental. Estira los músculos suavemente, respira hondo varias veces, y mira a tu alrededor.

Meditación activa

La meditación no tiene porqué ser inactiva o sedentaria. Algunas de sus formas pueden ser activas, incluso atléticas. Cualquier actividad física llevada a cabo de forma correcta puede facilitarnos la meditación, aunque hay varias técnicas derivadas de antiguas tradiciones y que son famosas por sus cualidades pensativas y activas.

Tai Chi Chuan

Probablemente sea una de las artes marciales blandas más conocidas. Se conoce como el arte del conocimiento. Derivada de los antiguos principios taoístas, su símbolo alude a la polaridad de signos opuestos: luz y oscuridad, yin y yan, etc. "Chuan" significa "camino del puño".

El Tai Chi se basa en el principio de un flujo constante de movimiento esférico que aumenta la energía y la distribuye por todo el cuerpo. Sus seguidores aseguran que su práctica regular previene el principio de la enfermedad y cuando las autoridades chinas han realizado inspecciones se han encontrado con que aquellos que practican su "forma abreviada" tienen un sistema circulatorio y un metabolismo mucho más eficaces.

El Tai Chi es también una preparación para la meditación espiritual. Mientras se practica hay que estar totalmente concentrado en los movimientos, lo que ayuda a calmar la mente y puede inducir un sentimiento de bienestar y equilibrio. El Tai Chi ha sido considerado como "meditación en movimiento", porque sus movimientos requieren un vacío mental y una liberación de sentimientos y propósitos. Y aún más, puede desarrollar un sentido de aislamiento.

Tan Tien

Más adelante expondremos las posturas básicas de los movimientos del Tai Chi. Pruébalo y si ves que este tipo de meditación te conviene, consulta libros o videos sobre el tema para conocer la base filosófica de este arte antes de empezar a practicarlo en serio.

Según los chinos, el Chi (una parte de algunas artes marciales) tiene un centro corporal conocido como Tan Tien. Esta zona es el centro de gravedad del cuerpo y para cada movimiento de los miembros hay un movimiento natural de contrapeso que repercute en Tan Tien donde se originan todos los movimientos. Para entrar en contacto con tu Tan Tien, empieza con este ejercicio de respiración profunda.

● Ponte de pie en una postura relajada y con la boca cerrada. Coloca las manos sobre el estómago, a unos 6 cms. por debajo del ombligo para que puedas sentir tu Tan Tien moverse con la respiración. Inspira profundamente por la nariz, dejando que el abdomen se vaya llenando despacio. Respira lenta y profundamente, sin forzar las fosas nasales.

Exhala también por la nariz desde el Tan Tien, hasta que expulses el aire. Trata de seguir respirando así durante aproximadamente cinco minutos y, según vaya aumentando tu concentración, piensa en la energía vital desplazándose con un movimiento circular desde la nariz a los pulmones hasta llegar al Tan Tien. Inspira y expira otra vez, sin pausa.

Tai Chi andando

Éste es un método básico de movimientos de pies y de transferencia de peso, ideal para que un principiante pueda captar la postura correcta y el ritmo de los movimientos. Una vez que hayamos aprendido los ritmos, podremos practicar el método Corto o abreviado, que consiste en una secuencia de movimientos flotantes dividida en veinticuatro pasos y es uno de los ejercicios de Tai Chi más conocidos.

1 Postura levantada: Permanece en pie con los talones juntos y las punteras ligeramente hacia fuera. Respira desde el Tan Tien. Siente tu peso sobre los pies y apoya ligeramente las manos en las caderas. Dobla suavemente las rodillas.

2 Mueve el pie izquierdo adelante y atrás, como si estuvieras patinando. Apoya el talón izquierdo en el suelo, pero manteniendo tu peso sobre la pierna derecha. Mira al frente.

3 Ahora, transfiere el peso a la pierna izquierda a la vez que apoyas la puntera en el suelo. Mantén las rodillas a la altura de las punteras mientras la rodilla izquierda se dobla y la derecha se estira. Levanta el pie derecho para juntar las piernas, manteniendo el talón levantado.

4 Sigue moviendo la pierna derecha adelante y hacia la derecha para apoyar el talón en el suelo; después repite los movimientos con la otra pierna. Muévela con suavidad, sin movimientos bruscos de cabeza o de hombros.

● Mientras realizas estos sencillos ejercicios para principiantes, puedes empezar a sentir los ritmos y la filosofía del Tai Chi. Mientras el cuerpo se mantiene en movimiento, la energía fluye, y cada movimiento añade más fuerza a los movimientos sucesivos.

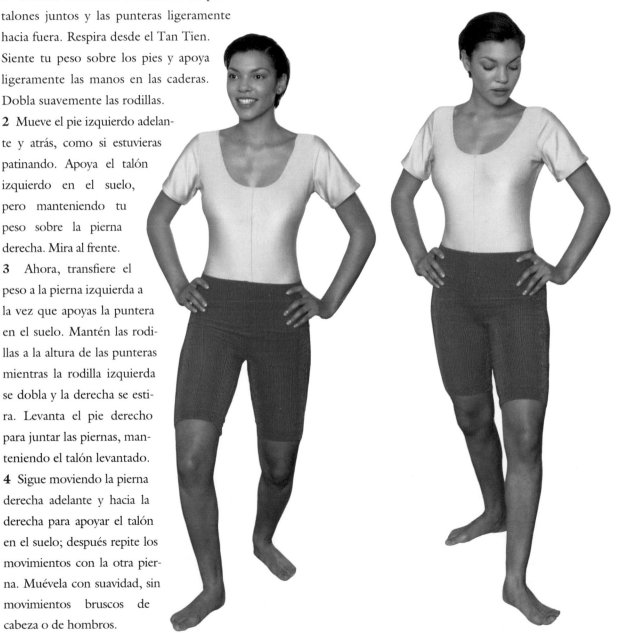

Yoga

Es una mirada interna, como tantas filosofías orientales, para liberarse de la ansiedad material y para cumplir un propósito: la integración del yo en el universo como una unidad cósmica.

El Hatha Yoga sigue siendo el mejor conocido y el más físico sistema de Yoga. Es otra serie de movimientos que deben ejecutarse con plena concentración e integración. Aquí también el énfasis radica en que los movimientos han de ser lentos y naturales de manera que cada posición diferente se alcance mediante una secuencia completa, y no haya movimientos bruscos o contrarios a la alineación natural del cuerpo. Los grandes maestros del Yoga no hacen demasiado hincapié en las posiciones más avanzadas que sólo pueden alcanzarse al cabo de cierto tiempo de práctica. Sin embargo, sí permiten a sus alumnos progresar a su aire, aunque sin marcarse más "metas" que la del propio bienestar.

ALGUNAS PAUTAS PARA MOVIMIENTOS DE YOGA

● Muévete despacio y con intención, de manera que seas consciente de todo tu cuerpo y del papel que éste desempeña en el movimiento de sus miembros y torso.

PRESIÓN FRONTAL

1 Empecemos a gatas, con los codos sueltos.

2 Dobla los dedos de los pies por debajo de ti y separa las rodillas del suelo, levantando el trasero. Agacha la cabeza. Manténte así mientras cuentas hasta 5.

3 Una variación es presionar los talones contra el suelo, de forma que puedas sentir el estiramiento de la parte trasera de las piernas.

4 Ahora, lentamente, dobla las rodillas hasta volver a apoyarlas en el suelo. Mientras estás a cuatro patas, pon la cabeza en línea con la columna.

5 Repite desde el paso 2 dos veces más y luego deja caer las rodillas, con la cabeza descansando sobre el suelo para recuperarte.

● Asegúrate de que no hay tiranteces en esos movimientos, y si encuentras que mantenerlos hasta contar 5 es demasiado, manténte sólo un momento. Ya desarrollarás más fuerza con la práctica. Recuerda que no debes permitir que pensamientos extraños te distraigan y que debes conservar la mente concentrada en tu cuerpo.

El Yoga no trata de obligar al cuerpo con posturas inusuales, sino a través de un viaje, sin forzar, de manera que la mejoría venga del interior de tu propio cuerpo. Ensaya estos movimientos básicos para probar sin son el tipo de movimientos meditativos que te vienen bien.

Nota: La continua práctica del Yoga facilita un aumento en la sensibilidad y conocimiento del cuerpo y de la mente y una disminución de la tensión y de la ansiedad. Practica posiciones de Yoga junto con los ejercicios respiratorios expuestos en otros capítulos.

● Cuando creas que ya has avanzado bastante en una combinación Yoga, concéntrate en las partes del cuerpo involucradas en ese movimiento. Esto te asegura que estás usando los músculos correctos al máximo y facilita la concentración mental.

● La lentitud deliberada de los movimientos, ayudarán a estirar el cuerpo y a calmar la mente.

EL RIZO

1   Túmbate de espaldas en el suelo, con los brazos y las piernas estirados y juntos. Apoya las palmas de las manos en el suelo.

2   Dobla suavemente las rodillas y, manteniendo las piernas juntas, acércalas a tu pecho tanto como puedas.

3   Entrelaza las manos sobre las rodillas. Inspira.

4   Presiona la rodilla y acerca a ellas la nariz mientras exhalas: sentirás atenuarse la tensión de tu espalda. Mantén esta posición hasta contar 5. Esta postura ayuda a incrementar la fuerza y la flexibilidad. Hay que mantener la concentración mental en este tipo de posturas y respirar regular y naturalmente.

5   Apoya la cabeza en el suelo y relájate unos segundos.

6   Repite el movimiento desde el paso 4 dos veces más.

7   Por último, vuelve a la posición inicial y empieza a relajarte.

La danza en la meditación

Hay muchos estilos de danza y algunos son específicamente rituales o meditacionales. Cualquier danza puede ser apropiada siempre y cuando se practique con total concentración mental. En nuestra sociedad occidental, la mayoría de las veces la danza responde a una tradición. Bailamos en discotecas y otros lugares públicos cuando somos conscientes de que tenemos espectadores que nos están juzgando, como si participáramos en una competición. O contemplamos la danza como una exhibición de destreza, una forma artística, a menudo con formas extremas de mal alineamiento corporal, como el ballet. La danza para la meditación, por tanto, tiene que ser natural, emanada de nuestro interior para que nos permita conectar con nuestro yo interno y con nada más.

Vistamos ropa suelta para desinhibirnos y busquemos un lugar tranquilo donde haya espacio para moverse. Pongamos la música que nos guste y que realmente nos impulse a movernos y dejemos que los sonidos se apoderen de nosotros. Es la manera más natural de mover el cuerpo. Buscaremos composiciones —no tienen porqué ser melódicas— que nos permitan expresar diversos aspectos de nosotros mismos. Las composiciones pueden empezar con un fuerte compás que nos arras-

Descubrirás que esta manera de bailar incrementará la tonicidad de los músculos y su resistencia. También te sentirás más vital mientras concentras tu mente y liberas tensiones y preocupaciones por el movimiento. En el caso de que te intereses por este tipo de "meditación", existen numerosos manuales a la venta.

tre a saltar y brincar, o puede empezar con una melodía airosa que nos impulse a mover los pies y que va evolucionando poco a poco en movimientos flotantes, ondulantes.

"La danza suelta"

Ahora empieza a moverte a tu aire siguiendo la música. No te preocupes por lo que puedas parecer, ni por repetir los movimientos. Muévete y no dejes de moverte. Emplea todas las partes de tu cuerpo y experimenta el placer de moverte tal y como lo sientes. Sigue la música o ignórala, aumenta el volumen o bájalo mientras te abandonas a la danza. ¡Mejor, sigue tu propio ritmo interno!

Como en cualquier otra forma de meditación, la práctica regular te ayudará a mejorar la técnica. El abandonarte a la danza y hasta el punto de hacerte perder tus inhibiciones necesita práctica. Llevará algún tiempo conseguirlo.

"La danza de la improvisación"

Prueba a bailar durante largos períodos. Empieza con dos minutos y ve subiendo hasta llegar a los quince. Cuando empieces a ampliar las sesiones, te encontrarás con se te acaban las ideas. ¡Ahí van unas cuantas sugerencias!

● Baila como quieras, pero cada vez frente a una pared distinta de la habitación.

● Da vueltas, estirándote todo lo que puedas, utilizando todo el cuerpo. Ponte de puntillas y extiende los dedos y estira la columna hasta tocar la pared lo más arriba que puedas. Repite el proceso, pero ahora bajando. Busca nuevas formas de moverte estando agachado. Intenta descargar tu peso sobre diferentes partes del cuerpo mientras sigues moviéndote al compás de la música.

● Piensa en algún movimiento que normalmente no harías. ¿Te mueves muy aprisa? Pues empieza a moverte más despacio y todavía más. Ralentiza tus movimientos. Si siempre bailas con los brazos separados, prueba a hacerlo con los brazos relajados pero pegados al cuerpo. Exige a tu cuerpo y así podrás encontrar nuevas formas de moverte.

● Prueba a utilizar la danza para modificar tu humor. Empieza por bailar como si estuvieras

triste. Baila como si acabaras de recibir buenas noticias. Baila como si estuvieras preocupado. Nota como los movimientos se ajustan a tu imagen mental.

Meditación Zen

Por meditación Zazen se conoce la meditación sentada asociada con el Zen budista tradicional. Se diferencia de las otras técnicas ya mencionadas en que no requiere concentrar la atención en un sujeto especial, como la respiración, o la visualización de una imagen. En vez de eso, se concentra en un amplio campo de atención, de modo que se es consciente de cuanto está ocurriendo externa e internamente.

Puesto que nos mantenemos atentos y alerta, esta práctica permite que pensamientos y sentimientos vayan y vengan sin interferencias. En la meditación Zen, los ojos suelen estar abiertos. Ensaya una meditación estilo Zen para que compruebes la diferencia.

Mediante la meditación Zen puedes ensanchar tu actitud hacia todo, interna y externamente.

1 Siéntate muy derecho adoptando una de las posiciones básicas (ver página 95) o en el borde de una silla dura. Entrelaza la mano izquierda con la derecha y apóyalas en el regazo.

2 Siéntate con la vista baja, mirando un punto determinado aproximadamente a un metro de ti, y respira con naturalidad.

3 Permanece así, sin tratar de pensar en nada, pero deja que los pensamientos e impresiones fluyan libremente por tu mente, sin ahuyentarlos. No intentes cerrarte a los ruidos u olores o a cualquier otro fenómeno: sé consciente de ellos, sin más. Debes estar sentado sin nada en tu mente y sin un sentido o un propósito, sólo tus impresiones.

Después, mueve el cuerpo lentamente, rota las muñecas y las caderas y extiende los miembros poco a poco antes de levantarte.

¿ES PARA TI LA MEDITACIÓN?

Como ya hemos visto, existen muchas formas de meditación y muchas prácticas meditativas. La única forma de saber si la meditación te sienta bien, es probándola. Son muchos los que han mejorado introduciendo la meditación en su vida. Recuerda sin embargo que, si decides probar, debes hacerlo con una actitud positiva y ensayar un mínimo de cuatro sesiones antes de seguir adelante. Todo en la vida necesita práctica, y esto es esencial cuando deseas mejorar gracias a los beneficios de la meditación.

El principio del placer

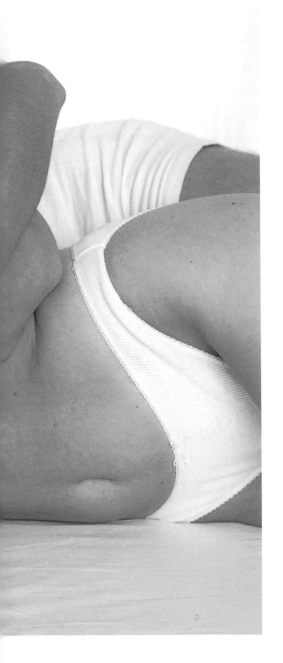

capítulo sexto

TODOS POSEEMOS la capacidad de obtener placer de nuestras mentes y de nuestros cuerpos, y esta es la manera de relajarse más natural. Los masajes son grandes medios para experimentar los placeres corporales, y el tacto puede ser uno de los placeres más relajantes. Reconocemos la sensación del tacto en nuestra piel y nos valemos de poder tocar para concentrar la mente y olvidarnos de los dolores físicos. Los palmeos, las presiones firmes, pueden aliviarnos de tensiones y ansiedades, a la vez que ayudarnos a apreciar los sentimientos positivos que del tacto se derivan. El uso de aceites aromáticos puede reforzar esta experiencia y hacerla más sensual. También ofreceremos sugerencias sobre el uso del agua en la relajación del cuerpo, dejándolo más vital y fresco. Y por último, dormir. Ese es el gran restaurador natural y el máximo relajador corporal y mental.

El Masaje

El masaje está reconocido como una de las terapias más beneficiosas contra todo tipo de síntomas de estrés, al igual que como ayuda a la circulación sanguínea y linfática. Puede calentar carne y músculos, ayudando a aliviar las tiranteces e incluso a expulsar toxinas.

No se necesita ser un experto masajista para aplicar algunos de sus principios básicos. Confía en tus manos para tocar a otra persona en la forma que te gustaría que te tocaran. Golpear rítmica y fluidamente con las manos en el cuerpo relajará y calentará los músculos, vivificando la piel y activando la circulación. Al apretar y al amasar, soltando y presionando la carne con una o dos manos, se revigorizan y alivian las tiranteces musculares. Al presionar sensiblemente con los pulgares y otros dedos o con los nudillos, añadimos presión al músculo para facilitar el alivio de tensiones más profundas y liberamos toxinas de los tejidos. Encadena los golpes fluidamente para que un movimiento conduzca fácilmente al siguiente.

EL MASAJE DE LOS TRES PUÑOS

Hay tres zonas en el cuerpo donde la tensión es mayor. Son las que se conocen como tensiones de los tres puños. Esas áreas son: la cabeza y el cuello, el pecho y el diafragma, y la región pélvica. Utiliza tus manos para suavizar las tensiones y bloqueos de esas zonas, e inmediatamente te sentirás como nuevo.

El primer puño

1 Empecemos por el primer foco de tensión: el cuello y los hombros. Presiona el trapecio firmemente con los pulgares y las yemas de los dedos de ambas manos, y aprieta suavemente. El trapecio es un músculo que abarca los hombros y la parte posterior del cuello. Presiona con suavidad el músculo centímetro a centímetro hasta que ambas manos lleguen a los hombros.

2 Ahora vuelve hacia el cuello mediante movimientos circulares cada pocos centímetros.

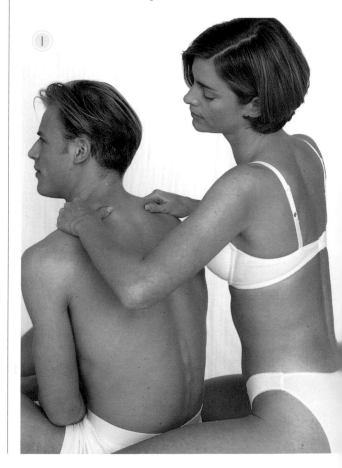

3 En el arranque de la cabeza, utiliza primero dos dedos de cada mano para aliviar la tensión en la base del cráneo.

4 Utiliza ahora todos los dedos, moviéndolos en rotación circular para masajear la espalda y los lados del cuero cabelludo. Es mejor lavarse pre-

viamente la cabeza. Sigue en ascenso hacia la coronilla.

5 Por último, hunde tus dedos en el cabello separándolo del cuero cabelludo. Presiona sólo lo necesario para estimular sus raíces. Con todo esto, tu cabeza se sentirá asombrosamente vigorizada.

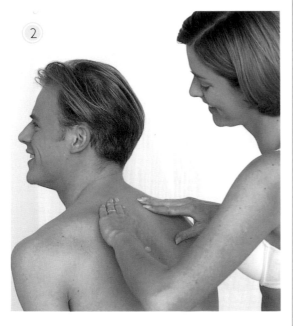

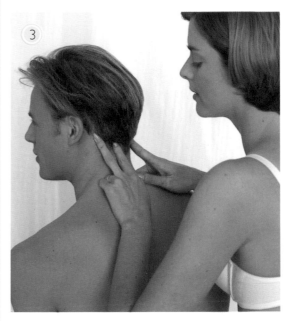

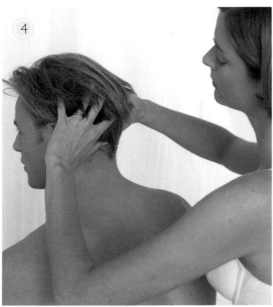

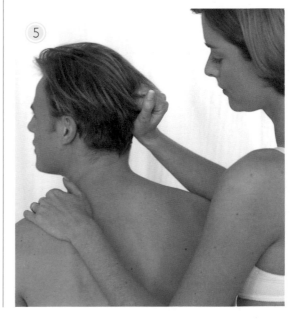

El segundo puño

1 Para aliviar la tensión en el estómago, el diafragma o el abdomen, empieza por frotar con el canto de ambas manos, en el sentido de las agujas del reloj, toda la zona abdominal. Empieza frotando en círculos pequeños el área comprendida entre el final de la caja torácica y la parte superior de la pelvis.

2 Localiza el plexo solar, a pocos centímetros por debajo de las costillas. Inhala profundamente y, mientras exhalas, presiona los dedos de una mano en la zona, suave pero firmemente.

3 Con los cantos de ambas manos, presiona la parte baja de la caja torácica en expiración, para liberar cualquier tensión reprimida en el diafragma.

4 Por último, lleva alternativamente las manos a ambos lados de tu cuerpo e inicia un movimiento de barrido hacia el ombligo para masajear y liberar las tensiones de ambos lados del abdomen.

El tercer puño

Las zonas linfáticas más importantes están localizadas en las ingles, entre la pelvis y los muslos, y unas palmadas desde los huesos de la cadera y un barrido hacia la parte interna del muslo ayudan a estimular estas áreas.

1 Golpea desde la parte superior del muslo hacia dentro y hacia arriba sobre la zona linfática y fuera de las caderas.

2 y 3 Coloca las manos en las caderas con los pulgares hacia delante y las yemas de los dedos hacia atrás. Estruja con los dedos y los pulgares firmemente, y luego suelta. Repite tres o cuatro veces más para aliviar la tensión de la parte trasera de la pelvis.

4 Para finalizar, da la vuelta y da unos golpes firmes con la yema de los dedos, empezando por los glúteos, subiendo por la espalda y acabando en el límite de la caja torácica.

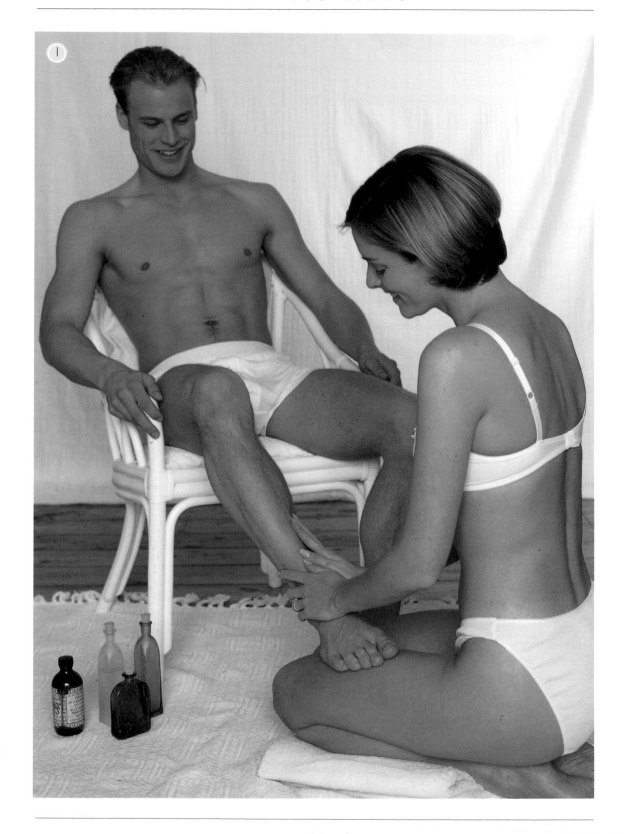

Relajación para masaje

También los pies son una gran fuente de sensaciones y en algunas terapias como la reflexología o la técnica metamórfica, los pies se consideran una ruta hacia los puntos de relajación de todo el cuerpo. Con un amigo/a vamos a probar la rutina siguiente para sentir la relajación de abajo arriba. Pidamos a nuestro amigo/a que introduzca sus pies en agua tibia al menos durante diez minutos. En el agua podemos poner aceites perfumados (ver página 121 para ampliar detalles). Después de secarse los pies, iniciaremos la rutina.

1   Vamos a dar un suave masaje a los pies de tu amigo/a. Uno por uno. Empieza por pasar las manos por el pie, los alrededores del tobillo y la planta varias veces y con ritmo uniforme.

2   Coloca ahora los dedos en el empeine y los pulgares en la planta. Mueve los pulgares alternativamente con movimientos circulares, empezando por la puntera y descendiendo hacia los talones. Presiona firmemente la planta. Presta especial atención al arco del pie, pero ten cuidado porque suele ser una zona muy delicada.

3   Ahora presiona los pulgares firmemente punto por punto a lo largo de la planta. Si notas un punto dolorido o durezas, detente un poco más en estas zonas e intenta aliviarlas.

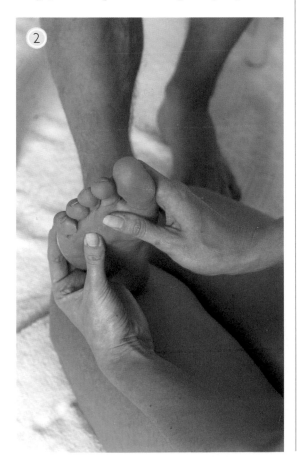

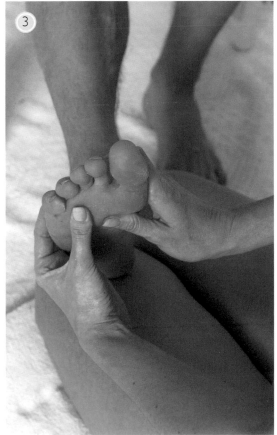

4   Vamos ahora a trabajar los dedos de los pies valiéndonos de los dedos índices para asir firmemente cada dedo y a continuación presionarlo suavemente. Después, estiremos el dedo presionando por toda su superficie.

5   Lleva los dedos hacia el tobillo y efectúa cortos movimientos circulares alrededor de los huesos varias veces.

6   Acabaremos dando masaje al tendón de Aquiles, la parte posterior del tobillo. Suavemente desliza los dedos por el tendón para aliviarlo y flexibilizarlo.

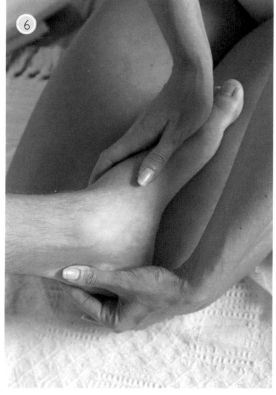

EL MASAJE SENSUAL

La sexualidad es una parte muy importante de la personalidad y también una fuente de relajación. Hay muchas maneras de relajarse gracias a la sexualidad y de aumentar tus conocimientos sexuales y placenteros. Utilizaremos los poderes de visualización aprendidos en capítulos anteriores para meditar sobre esto.

AROMATERAPIA

La aromaterapia es el antiguo arte de utilizar los ingredientes naturales que se encuentran en plantas, hierbas, flores y frutas y en las cortezas, raíces y resinas de algunos árboles. Las moléculas de esos ingredientes naturales son las que dan a la planta o al árbol su aroma específico, y forman lo que se conoce como esencias aromáticas. Las moléculas de estas esencias se evaporan muy rápidamente pero con no menos rapidez también penetran por los poros hasta la corriente sanguínea y otros órganos, antes de ser expulsadas por el cuerpo.

El uso de estas esencias puede aumentar el efecto de los masajes y estimular una relajación más profunda y una mejor recuperación. Estas esencias son muy potentes y deben usarse diluidas en aceite. De esta forma pueden ser aplicadas directamente sobre la piel. Para una disolución correcta sigue al pie de la letra las instrucción de los envases.

Las esencias pueden añadirse al agua para el baño o para el lavado de pies, para aromatizar una habitación o añadirlos a la lavadora para perfumar la ropa. Para tener lo que podíamos llamar una botica básica, podemos comprar, por ejemplo, las esencias siguientes: Jazmín, Lavanda, Naranja, Menta, Sándalo y Ginseg.

Estas esencias, solas o combinadas con otras, sirven para múltiples usos dentro de la relajación. Por ejemplo, el Ginseg es recomendable para problemas de estrés y circulatorios, y la Menta es buena para la respiración y los problemas de fatiga.

El tocar y el ser tocado está entre las opciones más relajantes que podemos encontrar. Es un lenguaje propio que puede ser una vía muy íntima de comunicación entre amantes. El masaje puede estimular el relax, produciendo sentimientos soporíficos o colmarnos de vitalidad. Un intercambio de suaves masajes con un compañero/a puede ayudar a relajar a ambos y el hecho de estar más receptivos al tocarse mutuamente, abre las puertas a un estado de mayor reposo después de un agitado día de trabajo.

Este tipo de masajes, para muchas parejas que trabajan, supone un momento de integración al final del día, y también unos momentos de despreocupación y olvido de los problemas cotidianos. Un masaje corporal supone una experiencia sensual maravillosa y puede apartar la mente de distracciones externas y ayudarla a concentrarse en las placenteras sensaciones del cuerpo. Un breve período de masaje entre tú y tu compañero/a puede modificar tu estado de ánimo, hacerte olvidar las preocupaciones y crear una atmósfera relajada e íntima que invite a hacer el amor. Centrando el masaje en las ingles y la zona pélvica podemos proporcionarnos una placentera relajación sexual y una íntima satisfacción.

1   Que tu compañero o compañera se tumbe, desnuda, en la cama, en una habitación acogedora.

2   A continuación, doblará una rodilla para permitir que deslices tu mano entre sus piernas. Coloca la otra mano sobre su estómago y manténla allí unos momentos para que la mano vaya calentando su piel.

La mayoría de las hidroterapias son muy relajantes porque el agua es un elemento natural y familiar, conocido por todos incluso antes de nacer; por eso nos transmite una sensación de calma. El ejercicio acuático como el acuarobic o simplemente nadar en la piscina del barrio, es un magnífico anti-estrés porque no sólo descansa la mente sino que el agua soporta el peso del cuerpo aliviando dolores y tensiones.

3   Lleva una mano a sus caderas y atráelas suavemente hacia ti, y acúnalas de lado a lado. Repítelo con la otra mano debajo y acuna la pelvis hacia el otro lado.

4   Vuelve a poner una mano justamente en medio del abdomen y pide a tu compañero/a que dirija su respiración hacia el punto que estás tocando. Dile que inspire y expire y, al hacerlo, envíe toda la energía hacia donde espera tu mano.

5   Ves moviendo tu mano por el abdomen mientras tu compañero/a respira a cada movimiento de tu mano.

6   Toma algún aceite aromático y extiéndelo por su abdomen para, a continuación deslizar la mano dulcemente por su vientre, sus caderas y el pubis.

7   Suavemente da la vuelta a tu compañero/a y extiende el aceite por su espalda y aplica un masaje que relaje sus músculos. Acaricia firmemente los glúteos para calentar la zona. Continúa amasando las partes carnosas de las nalgas y los lados del cuerpo.

8   Ahora, con los pulgares, partiendo de la mitad de la espalda, empieza a presionar los músculos ali-

Página anterior: El uso de aceites aromáticos puede convertir un masaje en algo más estimulante y en una experiencia sensual. Elige bien las esencias para poder crear el efecto deseado.

neados junto a la columna (no presiones directamente la columna). Sigue presionando hacia abajo hasta llegar a los glúteos. Utiliza el puño para presionar los grandes músculos de los glúteos para aliviar la tensión e incrementar las sensaciones eróticas.

9   Finalmente, coloca la mano derecha sobre el cóccix y, apoyando una mano sobre la otra, presiona suave pero firmemente con todo el peso de tu cuerpo para extender la curva espinal y relajar la espalda.

Hidrorelajación

El agua es otro de los métodos de relajación más gratos que podemos experimentar. Como terapia, el agua puede ser extraordinariamente tranquilizante y relajante. Todos sabemos lo terapéutico que puede resultar un baño caliente al finalizar la jornada, o los refrescante y estimulante que es una ducha cuando nos levantamos. Más adelante encontrarás unas cuantas ideas de hidroterapia que puedes poner en práctica tras una sesión más amplia de relajación.

● **Las hidroterapias** son muy eficaces a la hora de relajarse y existen muchas variedades. Una de las populares es el jacuzi. El agua cálida y burbujeante es una espléndida forma de calentar los músculos. Los hay en muchos gimnasios y centros de salud, y también pueden adquirirse e instalarse en el propio domicilio. Sin embargo, no conviene permanecer dentro mucho tiempo, pues puede provocar deshidratación.

● Actualmente también podemos encontrar tanques de flotación. La idea es un pequeño habitáculo, como un tubo a prueba de ruido, oscuro y lleno de agua y sales. Mientras flotamos en el agua cálida, en una atmósfera inspirada en el útero materno, el cuerpo y la mente se relajan. Desde luego no es válido para todo el mundo, pues mientras unos encuentran el agua demasiado fría, otros pueden sufrir claustrofobia; pero, si en realidad quieres olvidarte de todo, ésta es sin duda una terapia ideal.

● **Otras hidroterapias**: Envolver el cuerpo en sábanas mojadas o los ejercicios en una piscina.

● **Las saunas, los baños turcos y los baños de vapor** pueden ser muy refrescantes y relajantes. Estos métodos consisten en sentarse en una "habitación" donde el cuerpo alcanza un alto grado, aunque confortable, de calor que hace que los músculos cansados se relajen y el sudor expulse las toxinas de la piel. Los baños turcos y los de vapor utilizan el agua o el vapor de agua, mientras las saunas producen un calor seco. Los baños de asiento son también un buen medio de revitalizar el cuerpo. Este método consiste en sentarse en un recipiente lleno de agua fría con los pies metidos en otro recipiente, éste lleno de agua caliente. Al cabo de dos minutos, se cambia de recipiente, de manera que ahora la pelvis esté en el agua caliente y los pies en agua fría. Sorprendentemente es un método muy refrescante y dinámico.

La mayor parte de las hidroterapias son muy relajantes porque el agua es un elemento familiar que todos conocemos desde antes de nacer, por lo que puede ayudarnos mucho a relajarnos. Los ejercicios acuáticos, como el acuarobic o simplemente la natación, combaten muy bien el estrés facilitando no sólo el descanso mental, sino que al soportar el agua el peso de nuestro cuerpo, alivia la tensión y los dolores.

Dormir

Dormir es, probablemente, el relajador fundamental. Permite que el cuerpo y la mente tengan tiempo para reponer energías, y facilita un período de ensoñación para que la mente se evada de los acontecimientos cotidianos. Los músculos y ligamentos se relajan al no estar ya bajo presión.

Cualquiera que haya padecido insomnio sabe lo tenso que uno puede encontrarse al día siguiente. Si tienes dificultades para dormir, prueba alguna de las sugerencias siguientes.

1 Masaje interno

Imagina que tienes ambas manos sobre la cabeza. Visualízalas penetrando lentamente en el interior de tu cráneo hasta descansar sobre el cerebro. Visualiza los dedos empezando a dar un suave masaje al cerebro. Es increíblemente tranquilizador, y puedes notar como las diversas partes del cerebro van relajándose y dejando escapar los múltiples pensamientos y lucubraciones. Visualiza las sucesivas capas de tu cerebro extendiéndose y aliviando sus tensiones según las manos mágicas van acariciando y frotando sus puntos tensos.

2 Descuelga tus pensamientos

Si tienes problemas para dormir porque no puedes evitar seguir dando vueltas a tus pensamientos, prueba esto: imagina que estás mirando un tendedero lleno de ropa. El tendedero ocupa todo tu campo de visión y no te permite ver más allá. Piensa que cada uno de tus pensamientos es una de esas prendas que cuelgan del tendedero (no importa el tipo de prenda). Visualiza ahora que esa prenda se descuelga del tendedero y, en ese momento, piensa: "Fuera con ese pensamiento". La fila de ropa es infinita, y con cada prenda descolgada dejas que tus pensamientos se alejen de tu consciencia y, poco a poco, la mente se librará de los obstáculos que te impedían dormir.

3 ¡Buenas noches, es hora de levantarse!

Tu mente puede estarte diciendo que tú no quieres ir a dormir. "¿Por qué dormir? Aún hay mucho que pensar y planificar". Piensa cómo vas a sentirte cuando tengas que madrugar al día siguiente. Piensa que va a amanecer un día horrible, frío y lluvioso y lo que te gustaría es arroparte y seguir calentito. Piensa en cuánto te gustaría quedarte en la cama algunas veces.

Por eso piensa que es por la mañana y que tienes que levantarte, pero que quieres seguir en la cama dormitando. ¡Convéncete de que es tu día libre! De repente, todas estas cosas que tendrías que hacer si te estuvieras despertando, te despiertan las ganas de dormir.

Conclusiones

La mejor forma de encontrar un camino a la relajación en tu vida, es escuchar a tu cuerpo. Virtualmente todas las técnicas e ideas expuestas en este libro implican trabajar el cuerpo en el más amplio sentido. Esto significa trabajar los músculos y los huesos, trabajar la mente, y trabajar las emociones, las esperanzas, los anhelos, los sueños y los pensamientos más recónditos. Si consigues entrar en contacto con todos esos aspectos de ti mismo, puedes estar seguro de que aprenderás a relajarte a

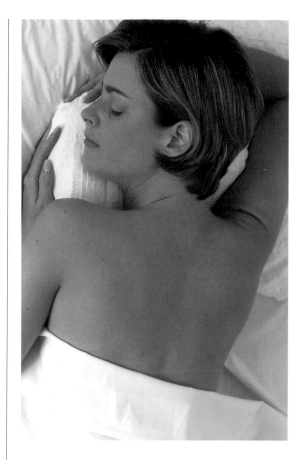

No todo el mundo necesita dormir las mismas horas. A algunos les basta con cinco horas cada noche. Dormir es tan fundamental, que podemos asegurar que dormimos lo que necesitamos.

un nivel holístico, el camino más beneficioso.

● Si quieres poner un tiempo de relajación en tu vida, hazlo de modo positivo.

● Procura no complicarte la vida haciendo que tus sesiones de relajación se conviertan en una nueva preocupación.

● Procura comer y dormir con regularidad.

● Por último, mantén la confianza en ti mismo y tus propios poderes. Cuando encuentres tiempo para relajarte y lo hagas, poco a poco irás enri-

La jornada sin estrés

queciendo tu vida.

AL LEVANTARSE

Una vez despierto, para empezar el día mentalmente a tope, antes de salir de la cama y levantarte:

● Siéntate y pregúntate: "¿Adónde estoy? Mira a tu alrededor como si de verdad estuvieras viendo lo que te rodea por primera vez. Observa cosas en tu habitación en las que no habías reparado antes.

● ¡Piensa en algo nuevo! No vuelvas a darle vueltas a esos pensamientos que te han tenido tan preocupado la noche anterior. Repítete que es un nuevo día lleno de nuevas oportunidades. Y ahora, ¡sal de la cama!

● Empieza el día con un desayuno saludable para revigorizar tu sistema. Refresca tu paladar con zumo de naranjas frescas que te proporciona vitamina C.

Desayuna cereales ricos en fibra, y leche, que es energética, y puedes rematar con un plátano porque el potasio que contiene es bueno para combatir el estrés.

● Por último, antes de salir de casa, repasa tu postura (ver página 54).

CAMINO DEL TRABAJO

Mantén la postura bien alineada cuando estés en el coche, autobús o en el tren camino del trabajo. Procura mantener la columna erguida y los hombros firmes. Cuando empieces a pensar en la jornada que te espera y las cosas que tienes que hacer, procura no:

● Rechinar los dientes

● Morderte las uñas

● Inquietarte

Esta mañana, haz un esfuerzo consciente por sentarte en silencio y con el cuerpo relajado. Mira por la ventana y observa lo que te rodea. Respira hondo mientras reflexionas sobre los desafíos que te aguardan durante todo el día, y repite un mantra positivo: "Soy capaz de hacerle frente. Voy a disfrutar hoy". Recuerda también que puedes relajarte en cualquier tarea.

EN EL TRABAJO

¡Hoy todo va ir bien! Consulta alguna de las sugerencias sobre distribución del tiempo y toma de decisiones del Capítulo 4 para usar mejor tu tiempo laboral. No olvides repartir tu trabajo en pequeñas tareas de manera que puedas irlas haciendo una a una, tachándolas cuando las hayas terminado. Asegúrate de que terminas un trabajo antes de empezar con otro.

Si algo o alguien te perturba, utilízalo como clave para el relax. Intenta sacar un par de minutos para hacer respiraciones. Visualiza las exhalaciones como si rodearan tu cuerpo y lo envolvieran en un baño cálido. Déjate llevar por estas sensaciones hasta tranquilizarte.

¿Por qué no limitas hoy tu consumo de café? En su lugar, prueba a beber ocho o diez vasos de agua. Procura tener a tu alcance una botella de agua mineral.

COMIDA

Haz una comida bien equilibrada. Elige unas cuantas rebanadas de pan integral, una ensalada y algo de carne o de pescado. Utiliza la mayonesa como aderezo, y, de postre, frutas y un vaso de agua caliente. Consulta las dietas de la página 35.

Si vas a comer fuera y te tientan algunos platos no demasiado saludables, ensaya las técnicas de visualización para el control del apetito de la página 35.

Procura dar un paseo a la hora de comer. Camina aprisa, con pasos largos y balanceando los brazos para que circule la sangre. O, si dispones de un espacio tranquilo, ensaya algunas posturas de yoga, o danzas, o meditación Tai Chi.

Antes de volver al trabajo, siéntate un par de minutos y cierra los ojos. Deja que fluyan tus pensamientos pero no te concentres en ellos. Que pasen por tu mente. No permitas que ningún problema se apodere de tu consciencia; olvídate de los sucesos del día y relájate un poco.

DESPUÉS DE COMER

¿Te sientes un tanto pesado después de la comida? Recurre al Capítulo 4 para recobrar el poder de concentración hasta el final de la jornada.

POR LA TARDE

Procura reservar algo de tiempo para practicar la relajación. Despreocúpate de todo esta tarde, y haz sólo lo que te apetezca, como decorar la habitación, leer un libro u hornear una tarta. Esos

pequeños entretenimientos absorberán mente y cuerpo evitando que sigan pensando en lo acontecido durante el día. Antes de empezar, prueba algunos de los ejercicios de concentración de creatividad. (Capítulo 4).

Procura concentrarte por completo en lo que estás haciendo. Cada vez que notes que tu mente se distrae, vuelve a centrarla en lo que tienes entre manos. Esto ayudará a serenar tu mente. Otras ideas con el mismo objetivo pueden encontrarse entre las sugerencias de meditación del Capítulo 5.

Una cena saludable puede consistir en vegetales crudos o en ensalada, con algunas patatas y arroz o pan. Como postre, frutas o compotas. Y también alguna infusión: la menta es muy sedante.

A LA HORA DE DORMIR

Un poco de ejercicio al finalizar el día puede dispersar un exceso de energía de manera que podamos conciliar el sueño fácilmente sin tiranteces o dolores musculares. Ejecuta algunos de los de tonicidad en el estómago y la espalda de la página 55, o de los de movilidad de las páginas 58 a 60. Luego toma un baño de agua caliente con aceites aromaterápicos y relájate. Si sigues tenso, por qué no aplicarte un automasaje o hacer que te lo de tu pareja. Pon una música suave antes de estrujar y amasar tu cuerpo para disipar las tensiones.

Cuando apoyes la cabeza para dormir, cierra los ojos y percibe la oscuridad que te rodea. Controla tu respiración durante un rato; escucha su sonido y cómo entra y sale de tu cuerpo. Por último déjate llevar poco a poco hacia un sueño